ハッピーロード

Road to Happiness

Light of Hope, Songs of Joy

希望の光　歓びの詩

池田大作

潮出版社

装丁の写真　著者
著者以外の本文中の写真提供　聖教新聞社
装丁・本文レイアウト　鈴木道雄(ad camp)
柴田裕介(ad camp)

まえがき

四季《しき》の花《はな》　四季の人生《じんせい》　晴《は》ればれと

春夏秋冬《しゅんかしゅうとう》、季節《きせつ》は巡《めぐ》ります。

その折々《おりおり》に、花は咲《さ》き、この世《よ》の美《うつく》しさと、生《い》きる歓《よろこ》びを、命《いのち》の限《かぎ》り歌《うた》い上《あ》げます。

それぞれの花々は、自《みずか》らの出番《でばん》に備《そな》えながら、互《たが》いにエールを送《おく》り合《あ》い、絶妙《ぜつみょう》なリレーのように途切《とぎ》れることなく、四季を彩《いろど》っていきます。

法華経《ほけきょう》には、「香風《こうふう》は萎《しぼ》める華《はな》を吹《ふ》いて　更《さら》に新《あたら》しき好《よ》き者《もの》を雨《ふ》らす」※1とあります。

香《かお》り高《たか》き風《かぜ》は、悔《く》いなく咲き切《き》った花を大地《だいち》に還《かえ》しつつ、さらに新しく好《この》ましい花を天《てん》から降《ふ》らせていく、という美しい一節《いっせつ》です。

人生にも四季があります。家庭《かてい》も地域《ちいき》も社会《しゃかい》も、絶え間なく変化《へんか》します。そのなかで、いつでも、どこでも、新鮮《しんせん》な花を、自分《じぶん》らしく、みずみずしく咲かせながら、前《まえ》へ前へ進《すす》んでいくならば、日々《ひび》の暮《く》らしも、なんと心豊《こころゆた》かな旅路《たびじ》になることでしょうか。

このたび、私が女性誌《じょせいし》『パンプキン』に連載《れんさい》してきたエッセー「ハッピーロード」が、一冊《いっさつ》の本《ほん》として刊行《かんこう》される運《はこ》びとなりました。

ありがたいことに、連載中、実《じつ》に多《おお》くの読者《どくしゃ》の皆様方《みなさまがた》から、心温《あたた》まる声《こえ》を寄《よ》せていただきました。ご自身《じしん》の尊《とうと》い体験《たいけん》を踏《ふ》まえた貴重《きちょう》な声の数々《かずかず》に、私は胸《むね》を熱《あつ》くし、学《まな》ばせていただくことの連続《れんぞく》でした。

思《おも》いがけず、東京都の板橋区《いたばしく》や世田谷区《せたがや》など、「ハッピーロード」というお名前《なまえ》を持《も》つ商店街《しょうてんがい》の方々にも、この連載を喜《よろこ》んでいただいたと伺《うかが》い、驚《おどろ》きもしました。

読者の方々との心の交流《こうりゅう》を重《かさ》ねながら、私は毎月《まいつき》、綴《つづ》らせていただきました。

友情《ゆうじょう》。仕事《しごと》と夢《ゆめ》。家族《かぞく》。母《はは》の慈愛《じあい》。エコ。家計《かけい》。家族との死別《しべつ》。思春期《ししゅんき》の子育《こそだ》て。夫婦《ふうふ》の絆《きずな》。老《お》いと介護《かいご》。健康《けんこう》。食《しょく》……と。

いずれも、実生活《じっせいかつ》に即《そく》した身近《みぢか》なテーマです。しかし、いずれか一《ひと》つが欠《か》けても、人間《にんげん》の生きる基盤《きばん》が揺《ゆ》らぎかねない、命の花を支《ささ》える「根《ね》」といってよいでしょう。そして、そのすべての主役《しゅやく》は、女性なのです。

若《わか》き詩人《しじん》・金子《かねこ》みすゞは、幾《いく》たびも「根」の健気《けなげ》な働《はたら》きを讃《たた》え、謳《うた》いました。

「はじめて咲いた薔薇《ばら》は／紅《あか》い大《おお》きな薔薇だ。／土のなかで根が思う／『うれしいな、／うれしいな。※2』」

また、「つよいその根は眼《め》にみえぬ。／見《み》えぬけれどもあるんだよ、／見えぬものでもあるんだよ」※3と。

家族が、友《とも》が、後輩《こうはい》が、皆が、幸福《こうふく》の花を咲かせることを、わが歓びとして、自分はそのための根っこになろう！　この最《もっと》も気高《けだか》い母たちの慈愛《じあい》に、そして、この最も奥深《おくぶか》い女性たちの知恵《ちえ》に、私はあらためて最敬礼《さいけいれい》をせずにはいられません。

二〇一一年三月十一日、あまりにも痛《いた》ましい東日本大震災《ひがしにほんだいしんさい》が発生《はっせい》しました。

それは、この連載の二回目《にかいめ》が校了《こうりょう》しようとしている時《とき》でした。以来一年《いらいいちねん》――。筆《ふで》を進《すす》めるに当《あ》たって、被災《ひさい》された皆様方のことが私の胸から離《はな》れることはありませんでした。

東北の方々から寄せていただいた決意《けつい》を、妻《つま》は涙《なみだ》ながらに拝見《はいけん》しております。

「すべてを失《うしな》いましたが、大事《だいじ》なものは、全部《ぜんぶ》ここ（胸の中）にあります！」

「助《たす》かったこの命を、もっと大変《たいへん》な思いをしている友のために使《つか》います！」

「苦難《くなん》から立《た》ち上《あ》がった私たちの姿《すがた》で、全国《ぜんこく》、全世界《ぜんせかい》の人々《ひとびと》に勇気《ゆうき》を送《おく》っていきます！」

大震災の極限《きょくげん》の試練《しれん》に立ち向《む》かう友は、人間にとって本当《ほんとう》に大切《たいせつ》なものとは何《なに》か、真《しん》の幸福とは何かを、誇《ほこ》り高《たか》く教《おし》えてくれています。

近年《きんねん》、度重《たびかさ》なる大きな自然災害《しぜんさいがい》と戦《たたか》ってきたインドネシアには、幸福を探《さが》して世界の各地《かくち》を回《まわ》る旅《たび》を詠《うた》った詩があります。
「私は探した」「私は歩《ある》いた」「ついに私はたどりついた／自分の心の庭《にわ》の中に、／そこには〝幸福〟が／長《なが》いことずっと、私を待《ま》っていた」※4
胸に迫《せま》る発見《はっけん》の歓びであります。幸福の種《たね》は、結局《けっきょく》、一番間近《いちばんまぢか》な、わが心の庭に蒔《ま》き、育て、花咲かせ、実《みの》らせゆくものなのでしょう。
このエッセーでは、私と妻が見守《みまも》ってきた方々の、人生の〝幸福絵巻《えまき》〟を紹介《しょうかい》させていただきました。世間的《せけんてき》には、いわゆる有名人《ゆうめいじん》ではありません。しかし、皆、何よりも高貴《こうき》な「心の財《たから》」を持っておられる方々です。

そこには、生命を「慈《いつく》しむ心」、自他共《じたとも》の可能性《かのうせい》を「信《しん》ずる心」、いかなる困難《こんなん》にも断《だん》じて「負《ま》けない心」が漲《みなぎ》っています。

どんなに暗《くら》い厳《きび》しい時代《じだい》にあったとしても、この「心の財」を光らせながら、強《つよ》く朗《ほが》らかに歩《あゆ》み続《つづ》けていく女性たちがいる限り、家庭は幸福に、社会は豊かに、世界は平和に輝《かがや》いていくことを、私は確信《かくしん》してやみません。

その一歩《いっぽ》一歩が、黄金《おうごん》の「ハッピーロード」を開《ひら》いていくのです。

東北をはじめ、日本中、世界中で懸命《けんめい》に生き抜《ぬ》かれているすべての心美しき女性の方々へ、尊敬《そんけい》と感謝《かんしゃ》の思いを添《そ》えて本書《ほんしょ》を捧《ささ》げます。

晴れやかに　幸福希望《きぼう》の　大道《だいどう》を
ああ朗らかに　歩む女性よ

二〇一二年六月

著者

もくじ

第二章 夏——52

Road to Happiness

Light of Hope, Songs of Joy

Spring

第一章 春

女性《じょせい》と友情《ゆうじょう》——人間関係《にんげんかんけい》を豊《ゆた》かにする智慧《ちえ》

菜《な》の花《はな》も
春《はる》だ春だと
立《た》ち上《あ》がる

長《なが》く厳《きび》しい冬《ふゆ》を耐《た》え抜《ぬ》いて、生命《せいめい》は強《つよ》くなる。どんなに意地悪《いじわる》な寒風《かんぷう》に吹《ふ》かれても、決《けっ》して負《ま》けない。いまだ闇《やみ》は深《ふか》くとも、「希望《きぼう》の光《ひかり》」を見出《みいだ》し、頭《こうべ》を上《あ》げて胸《むね》を張《は》る。生《い》きる「歓《よろこ》びの詩《うた》」を明《あか》るく歌《うた》い、朗《ほが》らかに舞《ま》う。勝利《しょうり》の春に向《む》かって！

世界《せかい》の識者《しきしゃ》との語《かた》らいの折々《おりおり》に、その方《かた》の人生《じんせい》の誇《ほこ》り高《たか》き黄金時代《おうごんじだい》を尋《たず》ねることがあります。多《おお》くの場合《ばあい》、その答《こた》えは、順風満帆《じゅんぷうまんぱん》の成功《せいこう》の時《とき》ではない。むしろ、逆境《ぎゃっきょう》に悪戦《あくせん》苦闘《くとう》している時であります。

私自身、何にもまして光《ひか》り輝《かがや》いて思《おも》い起《お》こされるのは、恩師《おんし》・戸田城聖《とだじょうせい》先生の事業《じぎょう》の絶体絶命《ぜったいぜつめい》の窮地《きゅうち》にあって、その打開《だかい》のために一心不乱《いっしんふらん》に奔走《ほんそう》した日々《ひび》であります。六十年前(一九五一年)の冬、私は二十三歳《さい》でした。

試練《しれん》が打《う》ち続《つづ》く中で、心《こころ》に灯《あか》りをともしてくれた一つの逸話《いつわ》がありました。

——ある人が、苦難《くなん》の連続《れんぞく》にあって、一枚《いちまい》の絵《え》を、朝《あさ》な夕《ゆう》な見《み》ながら自《みずか》らの激励《げきれい》とした。それは「春近《ちか》し」の風景《ふうけい》であった。事実《じじつ》、ついに一家《いっか》に春が訪《おとず》れ、その絵を宝《たから》とした、と。

私は、その数年前の戦争《せんそう》で花《はな》と散《ち》った、幾多《いくた》の青年《せいねん》たちの無念《むねん》を思いました。今、同《おな》じ青年として命《いのち》のあること自体《じたい》に感謝《かんしゃ》して、その分《ぶん》まで生《い》き抜《ぬ》いて、平和《へいわ》の春を創《つく》っていかねばならない。軍国主義《ぐんこくしゅぎ》と戦《たたか》って二年間の投獄《とうごく》を勝《か》ち越《こ》えた、わが正義《せいぎ》の恩師を断《だん》じてお守《まも》りし抜くのだと、若き心に烈《はげ》しい闘志《とうし》を燃《も》え上《あ》がらせたのです。

「冬は必《かなら》ず春となる」※1とは、偉大《いだい》な先哲《せんてつ》の金言《きんげん》です。やまない雨《あめ》はない。明《あ》けない夜《よる》はない。春の来《こ》ない冬は断じてありません。

長い人生、体調《たいちょう》を崩《くず》して、一休《ひとやす》みする時もある。先《さき》の見えないこと、思うようにいかないことが幾《いく》つも重《かさ》なる時もある。それでも少《すこ》しずつ前へ、「春遠《とお》からじ」と自分自身を信《しん》じて進《すす》む。一歩《いっぽ》また一歩と、その地道《じみち》にして不屈《ふくつ》の歩《あゆ》みそのものが、「幸福《こうふく》の道《みち》」すなわち「ハッピーロード」なのではないでしょうか。

「幸福を求《もと》める人たちがほんの一瞬《いっしゅん》でも立ちどまって考《かんが》えてみれば、足《あし》もとの草々《くさぐさ》ほどに、花々のうえできらめく朝露《あさつゆ》ほどに、自分が体験《たいけん》できる歓びは無数《むすう》にあることがわかるはずです」※2

これは、アメリカの社会活動家《しゃかいかつどうか》ヘレン・ケラーの言葉《ことば》です。目《め》が不自由《ふじゆう》で、耳《みみ》も聞《き》こえず、話《はな》すことも困難な「三重苦《さんじゅうく》」を突《つ》き抜けて、人々に奉仕《ほうし》する生涯《しょうがい》を、晴《は》れ晴《ば》れと送《おく》った女性です。

心の眼《まなこ》を開《ひら》けば、気《き》づかなかった「希望の光」が見えてくる。魂《たましい》の耳を澄《す》ませば、す

著者撮影（滋賀・米原）

ぐ側《そば》で響《ひび》いている「歓びの詩《うた》」が聞こえてくる。

「ハッピーロード」は、まず何よりも、にぎやかな語らいの道であり、うるわしき友情《ゆうじょう》の道です。そこには、他者《たしゃ》と壁《かべ》をつくらずに打《う》ち解《と》け合《あ》う、女性の心の光風《こうふう》が吹《ふ》き薫《かお》ります。

女性が集《あつ》まれば、楽《たの》しい会話《かいわ》は止《と》まらない。家計《かけい》の節約《せつやく》、どの店《みせ》が安《やす》いかという生活《せいかつ》術《じゅつ》、健康法《けんこうほう》、仕事《しごと》のキャリアアップ、子育《こそだ》ての知恵《ちえ》、地域《ちいき》の課題《かだい》……。政治《せいじ》への論評《ろんぴょう》も手厳《てきび》しい。

鋭《するど》い弁舌《べんぜつ》は、名弁護士《めいべんごし》のように冴《さ》えわたる。頭《あたま》の回転《かいてん》は、ニュース・キャスターのごとく迅速《じんそく》だ。喜怒哀楽《きどあいらく》の豊かな表情《ひょうじょう》は、名優《めいゆう》も顔《かお》負《ま》けである。

男性は、「たわいもないおしゃべり」と悪口《わるくち》を言《い》うかもしれない。しかし、それは肩《かた》ひじ張《は》らず語り合える友《とも》の少《すく》ない男性諸氏《しょし》のやっかみでしょう。

何でも話《はな》せることほど、人間として心晴れる交《まじ》わりはない。女性こそ、人間外交《がいこう》の名《めい》手《しゅ》なのです。

困難な和平交渉《わへいこうしょう》も女性が中心《ちゅうしん》になれば、平和の実現《じつげん》も早《はや》まる――これが私の信念《しんねん》です。実《じつ》に女性の会話は、時には世界をも動《うご》かします。

私が対談《たいだん》した女性リーダーに、アメリカの未来学者《みらいがくしゃ》へイゼル・ヘンダーソン博士がいます。一主婦《しゅふ》の立場《たちば》で勇敢《ゆうかん》に声《こえ》をあげ、今日《こんにち》の環境保護運動《かんきょうほごうんどう》へ発展《はってん》する流《なが》れを起こされた方《かた》です。

その行動《こうどう》はどこから始《はじ》まったか。それは、ニューヨークにある自宅《じたく》近くの広場《ひろば》で、一緒《いっしょ》に子どもを遊《あそ》ばせていたお母さん仲間《なかま》との会話でした。

「この辺《へん》の空気《くうき》、悪いと思わない？」――子どもの健康を心配《しんぱい》せずにはいられない、敏感《びんかん》な母《はは》の一言《ひとこと》から、環境運動の一大潮流《ちょうりゅう》が始まったのです。

しかし、最近《さいきん》は、おしゃべりできる相手《あいて》がいないという声を聞きます。「向《む》こう三軒《さんげん》両隣《りょうどなり》」という近所《きんじょ》づきあいも、マンション住《ず》まいでは、なかなか難《むずか》しい。隣《となり》の人の顔《かお》さえわからないことも、多々《たた》あるようです。「孤独死《こどくし》」や「無縁《むえん》社会」という言葉が、残念《ざんねん》ながら定着《ていちゃく》してしまったように、「地縁《ちえん》」や「血縁《けつえん》」も希薄《きはく》になっています。

インターネットの普及《ふきゅう》など情報化《じょうほうか》が進む現代では、昔《むかし》より「一人で生きていく」ことが比較的容易《ひかくてきようい》になった面《めん》も、確《たし》かにあります。また、何かと物騒《ぶっそう》な世《よ》の中ですから、油断《ゆだん》はできません。賢《かしこ》く聡明《そうめい》に、そして強《つよ》く毅然《きぜん》とあらねば、自分自身も、家族《かぞく》も、守れない時代です。

ただし、だからといって、心までオートロックで閉《と》ざせば、人生の最良《さいりょう》の宝が失《うしな》われてしまう。孤立《こりつ》すれば、いざという時、自らを守ることもできない。互《たが》いの触発《しょくはつ》があってこそ、人間を人間たらしめる、みずみずしい創造性《そうぞうせい》を育《はぐく》むこともできるのです。かのヘレン・ケラーも、縁《えん》した人々への感謝を込《こ》めて、「結局《けっきょく》私の生涯《しょうがい》の物語《ものがたり》を作《つく》り上げているのは、私のお友だちであることがおわかりでしょう」※3と語っていました。

かけがえのない人間社会の生命線《せいめいせん》ともいうべき心の交流《こうりゅう》の世界を、何としても生き生きと蘇《よみがえ》らせ、次《つぎ》の世代《せだい》に伝《つた》え託《たく》していきたいと願《ねが》うのは、私一人ではないでしょう。

二十年ほど前、一人のヤング・ミセスの夫《おっと》が、若くして慢性腎不全《まんせいじんふぜん》に罹《かか》り、人工透析《じんこうとうせき》を余儀《よぎ》なくされました。当時《とうじ》、七歳《さい》、四歳、一歳の三人の子どもを抱《かか》えながら、夫の看《かん》

著者夫妻(2007年5月、東京)

病《びょう》が始まりました。ともに「宿命《しゅくめい》が大きい分《ぶん》、使命《しめい》も大きい」と一歩も退《ひ》かず、地域の方々のために駆《か》けずり回《まわ》りました。

やがて、義母《はは》からの腎臓移植《じんぞういしょく》の手術《しゅじゅつ》が成功して、夫は元気《げんき》に教育界《きょういくかい》で活躍《かつやく》するようになりました。

彼女《かのじょ》が苦《くる》しい時、近所の友人《ゆうじん》たちは「あなたは一人じゃないからね。一緒に乗《の》り越《こ》えていこうね」と声をかけてくれた。それが、どれほど支《ささ》えとなったことか。「今度《こんど》は私が、皆《みな》さんに勇気《ゆうき》と希望を贈《おく》れる存在《そんざい》になろう！」と多くの後輩《こうはい》たちを励《はげ》ましながら、「平和の文化《ぶんか》」のスクラムを広《ひろ》げています。

身近《みぢか》な友情から、試練《しれん》と戦う力《ちから》が生まれます。

地道な対話《たいわ》が、お互いの人生を充実《じゅうじつ》させます。

真心《まごころ》の連鎖《れんさ》が、社会を照《て》らす光となります。

私たち夫婦《ふうふ》の誇《ほこ》りは、地域に根《ね》を張《は》って、労苦《ろうく》をいとわず、良《よ》き市民《しみん》として貢献《こうけん》しゅく尊《とうと》き友人たちが、日本中、世界中で輝いていることです。

仏法《ぶっぽう》では、豊かな人間関係を育《そだ》て、理想《りそう》の共同体《きょうどうたい》を築《きず》いていくための四つの徳《とく》が説《と》かれています。

第一に「布施《ふせ》」――悩《なや》み苦しむ友に手《て》を差《さ》しのべること。

第二に「愛語《あいご》」――思いやりのある言葉をかけること。

第三に「利行《りぎょう》」――他者のために具体的《ぐたいてき》に行動すること。

第四に「同事《どうじ》」――人々の中に入《はい》って一緒に働《はたら》くことです。

とくに、人を傷《きず》つける心ない言葉が氾濫《はんらん》している現代《げんだい》社会にあって、「愛語」すなわち思いやりのある言葉をかけ合うことを大切《たいせつ》にしていきたい。

その第一歩は、何といっても「あいさつ」です。

私の妻《つま》のもとに懐《なつ》かしい一通《いっつう》の手紙《てがみ》が届《とど》きました。結婚後《けっこんご》まもなく住《す》んだ東京・大田区の小《ちい》さなアパートでご一緒の方《かた》でした。共同の洗濯場《せんたくば》で妻がわが子のおしめを洗《あら》っている時に、同《おな》じく赤《あか》ちゃんのいるその方と知《し》り合ったのです。半世紀《はんせいき》を超《こ》える縁《えにし》も、きっかけはあいさつでした。

東西《とうざい》の冷戦《れいせん》の渦中《かちゅう》、訪れた中国でも、ロシア(旧ソ連)でも、出会う一人一人に、妻は微笑《ほほえ》みながら、あいさつを交《か》わしていきました。はじめは硬《かた》い表情《ひょうじょう》だった人も、笑顔《えがお》を返《かえ》してくれる。そこから心が通《かよ》い合う対話が広がっていったのです。

「こんにちは」——その一言《ひとこと》で心が和《なご》みます。

「ありがとう」——その一言で心が報《むく》われます。

それは、氷柱《つらら》が解《と》けて、春の到来《とうらい》を告《つ》げる最初《さいしょ》の一滴《ひとしずく》に譬《たと》えられるかもしれません。

春は、新《あたら》しい出会いの季節《きせつ》です。人に会えば、心は若くなります。人のために心を配《くば》り、声を出《だ》せば、「はる(春)」という名のごとく命に〝張《は》り〟が出《で》ます。最高《さいこう》の健康法でしょう。

今年《ことし》も、我《われ》らのハッピーロードに、多彩《たさい》な友情の花々を咲《さ》かせたい。その一輪《いちりん》また一輪が、未来の平和の園《その》へ必ずつながっていくと信《しん》ずるからです。


（2011年3月号）

女性と友情——人間関係を豊かにする智慧

人生《じんせい》をデザインする——仕事《しごと》と夢《ゆめ》と家庭《かてい》

さくら　さくら
　心《こころ》の中《なか》まで咲《さ》く　さくら
嬉《うれ》しや嬉しや　春来《はるき》たる
　心の世界《せかい》に咲く　さくら

桜《さくら》の花言葉《はなことば》には「心の美《び》」とあります。皆《みな》の心を明《あか》るく照《て》らして、笑顔《えがお》にさせる不思《ふし》議《ぎ》な力《ちから》を持《も》っています。

あの戦争中《せんそうちゅう》、焼《や》け野原《のはら》に生《い》き残《のこ》って、けなげに咲く桜が、どれほど人々《ひとびと》を励《はげ》ましてくれたことか。

桜は平和《へいわ》の象徴《しょうちょう》です。いつか、日本中《にほんじゅう》の駅《えき》に桜の木《き》を植《う》えて、皆の心を晴《は》れやかにしたい――これが、少年《しょうねん》の日に私が抱《いだ》いた夢の一つでした。

昨年《さくねん》(二〇一〇年)、生《う》まれた女《おんな》の子《こ》の命名《めいめい》で最《もっと》も多《おお》かったのは「さくら」だと聞《き》きました。※1 わが娘《むすめ》の幸福満開《こうふくまんかい》の人生を願《ねが》ってやまない、いつの世《よ》にも変《か》わらざる親心《おやごころ》が伝《つた》わってくるようです。

もともと、「さくら」という名前《なまえ》それ自体《じたい》に、「咲く」というひたむきな意志《いし》が宿《やど》っています。

それは、逆境《ぎゃっきょう》にあろうとも、希望《きぼう》の花、勝利《しょうり》の花を咲かせてみせるという、女性《じょせい》たちの毅然《きぜん》たる決意《けつい》と響《ひび》き合《あ》っているのではないでしょうか。

燃《も》えるような情熱《じょうねつ》で青春時代《せいしゅんじだい》を駆《か》け抜《ぬ》けた明治《めいじ》の作家《さっか》・樋口一葉《ひぐちいちよう》は語《かた》っています。

「何《なに》もしないで一生《いっしょう》を終《お》えてよいのでしょうか。何をなすべきかを考《かんが》え、その道《みち》をひたすら進《すす》んで行《い》くだけです」※2と。

どんな人にも、どんな時代を生きようとも、その人には、その人にしか歩《あゆ》めない人生の道があります。

「志《こころざし》」という味《あじ》わい深《ぶか》い言葉があります。「こころざし」は「まなざし」と同《おな》じ成《な》り立《た》ちで、心がまっすぐに見《み》つめて目指《めざ》す所《ところ》のことです。

ありのままの心の発露《はつろ》でいい。たとえ、ささやかに見える目標《もくひょう》でも、そこに近《ちか》づこうと努力《どりょく》することが、自分《じぶん》にしか歩めない充実《じゅうじつ》の道です。

人を羨《うらや》む必要《ひつよう》など、まったくない。わが人生を心楽《たの》しくデザインして、自分らしく力の限《かぎ》り創《つく》り上《あ》げていく。その喜《よろこ》びと誇《ほこ》りは、誰《だれ》にも奪《うば》うことはできません。

桜は　桜の使命《しめい》で　咲く
貴女《あなた》は　貴女の使命で　生き抜け

著者撮影（東京）

真剣《しんけん》に一筋《ひとすじ》に心を定《さだ》めた女性が、どれほど気高《けだか》く、どれほど強《つよ》いか。

アメリカの「人権《じんけん》の母《はは》」ローザ・パークスさんは、南部《なんぶ》アラバマ州《しゅう》の州都《しゅうと》モンゴメリーのデパートで、服の仕立《した》ての仕事《しごと》をしている婦人《ふじん》でした。

その胸《むね》には、お母さんから受《う》け継《つ》いだ「自由《じゆう》」と「平等《びょうどう》」の世界《せかい》への夢が、いつも光《ひか》っていたといいます。

一九五五年の十二月一日、パークスさんは、仕事の帰《かえ》りに乗《の》ったバスで、非道《ひどう》な人種《じんしゅ》差別《さべつ》に遭《あ》い、決然《けつぜん》と抗議《こうぎ》の声《こえ》をあげました。

四十二歳《さい》の婦人の勇敢《ゆうかん》なる一歩《いっぽ》から、人種差別への抗議運動《うんどう》――歴史《れきし》に輝《かがや》くバス・ボイコット運動が始《はじ》まったのです。

民衆《みんしゅう》の非暴力《ひぼうりょく》の団結《だんけつ》は、いかなる圧迫《あっぱく》にも屈《くっ》せず、ついに一年後、〝バスの人種隔離《かくり》は憲法違反《けんぽういはん》〟という合衆国最高裁判所《がっしゅうこくさいこうさいばんしょ》の判決《はんけつ》を勝《か》ち取《と》りました。

パークスさんは、一生涯《いっしょうがい》、人類《じんるい》の平等と繁栄《はんえい》を夢見て、行動《こうどう》を続《つづ》けておられました。

「もっと自分の活動範囲《かつどうはんい》を広《ひろ》げたい」※3
「私の一番《いちばん》の〝趣味《しゅみ》〟は、若者《わかもの》たちと一緒《いっしょ》に働《はたら》くこと、若者の手助《てだす》けをすることです」と。

私が創立《そうりつ》したアメリカ創価大学《そうかだいがく》にも、日本の創価大学にも、来《き》てくださいました。パークスさんを囲《かこ》んで大合唱《だいがっしょう》した「ウィ・シャル・オーバーカム(私たちは必《かなら》ず勝利する)」の歌《うた》も、心から離《はな》れません。

夢に向《む》かって、恐《おそ》れなく一歩を踏《ふ》み出《だ》す勇気《ゆうき》を持つこと——この慈母《じぼ》が乙女《おとめ》たちに教《おし》えてくれた「ハッピーロードの哲学《てつがく》」です。

今《いま》に見よ
花の王者《おうじゃ》の
桜かな

少子高齢社会《しょうしこうれいしゃかい》の現在《げんざい》、日本の労働力人口《ろうどうりょくじんこう》の総数《そうすう》は減《へ》っています。しかし、その中《なか》にあって、女性の労働力人口は増《ふ》える方向《ほうこう》にあります。※4

女性の知恵《ちえ》が生き生きと発揮《はっき》されればされるほど、職場《しょくば》であれ、地域《ちいき》であれ、創造性《そうぞうせい》が漲《みなぎ》り、調和《ちょうわ》が図《はか》られていく。新《あら》たな社会の希望の活力《かつりょく》は、女性のソフト・パワーにあります。

そのためにも、女性たちが安心《あんしん》して伸《の》びやかに働くことができる環境《かんきょう》を、さらにさらに整備《せいび》していかねばなりません。

女性の夢は、足《あし》もとが危《あや》うい男性の夢想《むそう》と違《ちが》って、大地《だいち》に根差《ねざ》して現実的《げんじつてき》です。それだけに、夢と現実との間《あいだ》で悩《なや》み、苦《くる》しむことも多《おお》いでしょう。

そもそも、自分が夢に描《えが》いた通《とお》りの仕事や進路《しんろ》にはならないことが、厳《きび》しき現実かもしれません。

志望《しぼう》と異《こと》なり、意《い》に沿《そ》わない仕事をする。そうした職業の悩みを持った青年を、私の恩師《おんし》・戸田城聖先生《とだじょうせいせんせい》は、よく励まされました。

「決《けっ》してへこたれるな！　今の使命の場《ば》でベストを尽《つ》くしてごらん。『なくてはならない人』を目指すことだ。そこから大《おお》きく開《ひら》けるよ」と。

人生には「自分がやりたいこと」がある。

また「自分がやらねばならないこと」もある。

そして「自分でなければできないこと」がある。

池田香峯子夫人　春の語らいの道で（1989年4月、静岡）

「夢」と「責任《せきにん》」と「使命」を見つめながら、まず「今、自分ができること」を誠実《せいじつ》にやり抜き、粘《ねば》り強《づよ》く創意工夫《そういくふう》を重《かさ》ねていく。その中でこそ、これまで気《き》づかなかった自身《じしん》の才能《さいのう》や可能性《かのうせい》が開発《かいはつ》される。そこに、現実に根を張《は》り、確《たし》かな幸福勝利の花を咲かせゆく道があるのではないでしょうか。

　私の妻《つま》も女学校《じょがっこう》を卒業《そつぎょう》する際《さい》、進路に迷《まよ》いました。医師《いし》や薬剤師《やくざいし》への志望もあったようですが、家庭《かてい》の経済的《けいざいてき》な面《めん》も考慮《こうりょ》し、銀行《ぎんこう》に就職《しゅうしょく》しました。

　忙《いそが》しい毎日《まいにち》でしたが、あまり得意《とくい》ではなかった算盤《そろばん》を特訓《とっくん》したり、「今日《きょう》のことは今日やる」という職場の習慣《しゅうかん》を身《み》につけたりしたことが、今でも役《やく》に立っていますと、微《ほほ》笑《え》みながら振《ふ》り返《かえ》っています。

　速記《そっき》も学《まな》んでいたので、私が体調《たいちょう》を崩《くず》しペンを握《にぎ》れない時《とき》は、新聞連載《しんぶんれんさい》の口述《こうじゅつ》などを筆記《ひっき》してくれました。

　中国《ちゅうごく》の周恩来総理《しゅうおんらいそうり》との会見《かいけん》には、総理のお体《からだ》を案《あん》じて少人数《しょうにんずう》で臨《のぞ》んだため、記者《きしゃ》も同《どう》席《せき》しませんでした。この語《かた》らいの内容《ないよう》をメモして記録《きろく》に留《とど》めてくれたのは、妻です。

君《きみ》立ちて
ひとりの桜に
万《まん》の花

二十五年前（一九八六年）の桜花薫《おうかかお》る四月、私と妻は東京《とうきょう》・小平《こだいら》を訪問《ほうもん》しました。育《いく》児《じ》や家事《かじ》に、地域の活動に、それはそれは目《め》まぐるしい日々《ひび》を送《おく》るヤング・ミセスの皆さんと出会いました。

私は、少《すこ》しでも励ましになればと申《もう》し上《あ》げました。

「太陽《たいよう》も、毎日毎日が同じ繰《く》り返《かえ》しです。しかし、生きとし生けるものすべてに慈光《じこう》を贈《おく》り、育《はぐく》んでくれる。平凡《へいぼん》と思える日々の生活《せいかつ》、行動の中にのみ、真実《しんじつ》の幸福は築《きず》かれていくのです」

時として、華《はな》やかな脚光《きゃっこう》を浴《あ》びている人と比《くら》べて、現実に追《お》われる自分の姿《すがた》に落《お》ち込《こ》むこともあるかもしれない。けれども、虚栄《きょえい》や見栄《みえ》など、一時《いっとき》の幻《まぼろし》に過ぎません。平凡こそ偉大《いだい》です。地道《じみち》こそ勝利です。

大事《だいじ》なことは、自分らしく幸福に輝《かがや》くことであり、皆を幸福に輝かせていくことです。

明るい『少女《しょうじょ》パレアナ』の物語《ものがたり》で有名なアメリカの作家エレナ・ポーターは、「縁《えん》の下《した》の力持《ちからも》ち」の女性を讃《たた》えながら言《い》いました。

「人から必要《ひつよう》とされることほど有意義《ゆうぎ》なことはありません」

「いちばんの幸福は人に頼《たよ》られ、人から求《もと》められることです※5」


島根県《しまねけん》の城下町《じょうかまち》に、妻もよく知る熟練《じゅくれん》の女性デザイナーがいます。お子さんの大病《たいびょう》やご主人《しゅじん》との死別《しべつ》など、幾多《いくた》の苦難《くなん》を乗《の》り越《こ》えながら、市《し》の連合婦人会《れんごうふじんかい》の役員《やくいん》として地域に貢献《こうけん》し、八十余歳《よさい》の今も、潑剌《はつらつ》と活躍《かつやく》されています。

各家庭《かくかてい》の簞笥《たんす》の中で眠《ねむ》っていた形見《かたみ》の反物《たんもの》や成人式《せいじんしき》の振《ふ》り袖《そで》等《とう》を、ドレスやスーツに仕立《した》て直《なお》して蘇《よみがえ》らせるリサイクル(再生利用《さいせいりよう》)ファッションも手《て》がけ、地域に大きな喜びを広《ひろ》げています。

「リフォーム(仕立て直し)は、人生の苦楽《くらく》のすべてに意味《いみ》を見出《みいだ》し、前《まえ》へ前へと勝ち進《すす》む〝原動力《げんどうりょく》〟に変《か》える生き方《かた》に似《に》ていますね」と笑顔が清々《すがすが》しい。

仏典《ぶってん》には、「心は工《たくみ》なる画師《えし》の如《ごと》く」※6とあります。

人生のデザインは、いつでも自分の心で決《き》まる。ゆえに、強く賢《かしこ》き心があれば、何があっても行き詰《づ》まらない。自在《じざい》の知恵で現実の素材《そざい》をたくみに活《い》かして、一日一日、手《て》作《づく》りの生活の名画《めいが》を描《えが》いていけるのです。

来《く》る年《とし》来る春、試練《しれん》の厳寒《げんかん》を越え、桜花《おうか》のように喜びの勝鬨《かちどき》をあげながら、偉大な夢に朗《ほが》らかに生き抜いていきたい。

そこにこそ、皆に慕《した》われ、皆の心に生き続けていく人生の四季《しき》の絵巻《えまき》があるのではないでしょうか。

爛漫《らんまん》と
　貴女《あなた》の前途《ぜんと》の
　　桜かな

追記　「東北地方太平洋沖地震《おきじしん》」により被災《ひさい》された方々《かたがた》に心からお見舞《みま》い申し上げます。苦難からの変毒為薬《へんどくいやく》の復興《ふっこう》を真剣《しんけん》に祈《いの》っております。（三月十一日）

（2011年4月号）

家庭《かてい》は平和《へいわ》の大地《だいち》——
家族《かぞく》を結《むす》ぶ言《こと》の葉《は》を

東日本大震災《ひがしにほんだいしんさい》で被災《ひさい》された皆《みな》さまのご苦労《くろう》を思《おも》うと、胸《むね》が張《は》り裂《さ》けんばかりです。

亡《な》くなられた方々《かたがた》の追善《ついぜん》と被災地の皆さまのご健康《けんこう》、一日《いちにち》も早《はや》い復興《ふっこう》を心《こころ》よりお祈《いの》り申《もう》し上《あ》げます。

新緑《しんりょく》の五月。「緑《みどり》は希望《きぼう》の色《いろ》である」※1と、北欧《ほくおう》デンマークの童話王《どうわおう》アンデルセンは綴《つづ》りました。

人生《じんせい》には、灰色《はいいろ》の雲《くも》が重《おも》く垂《た》れ込《こ》める時《とき》もある。

けれども、たとえ一《ひと》つでも「希望」の若芽《わかめ》を大切《たいせつ》に伸《の》ばしていけば、そこから、みずみずしい新緑のような、わが命《いのち》となる。

その希望を生《う》み出《だ》して、守《まも》り育《はぐく》んでくれる母《はは》なる心の大地こそ、苦楽《くらく》を分《わ》かち合《あ》う人間《にんげん》の絆《きずな》ではないでしょうか。

母ありて
　この世《よ》に幸福《こうふく》
　　生まれたり

今年《ことし》も、「母の日《ひ》」が巡《めぐ》り来《き》ます。

母の知恵《ちえ》は深《ふか》い。母の慈愛《じあい》は強《つよ》い。

母とは、「永遠《えいえん》に負《ま》けない人《ひと》」の異名《いみょう》です。

外《そと》で大《おお》きな顔《かお》をしている男性諸氏《だんせいしょし》も、たいてい、家《いえ》では女性《じょせい》に頭《あたま》が上がらない。そんな男性が、気恥《きは》ずかしくも足並《あしな》み揃《そろ》えて、母や妻《つま》への感謝《かんしゃ》を口《くち》にできる——。母の日は、そんな素晴《すば》らしい佳日《かじつ》です。

その起源《きげん》は、アメリカにあります。十九世紀《せいき》、医療改善《いりょうかいぜん》などの社会活動《しゃかいかつどう》に奔走《ほんそう》した婦人《ふじん》がいました。南北戦争《なんぼくせんそう》では敵味方関係《てきみかたかんけい》なく、献身的《けんしんてき》に負傷者《ふしょうしゃ》の世話《せわ》をしました。

二十世紀の初《はじ》め、逝去《せいきょ》されたその婦人のお嬢《じょう》さんが、平和と社会のために尽《つ》くした母を讃《たた》え、すべての母親に感謝の心を伝《つた》える「母の日」を創設《そうせつ》する運動《うんどう》を始《はじ》めたのです。多《おお》くの共感《きょうかん》が広《ひろ》がり、やがて国《くに》の記念日《きねんび》になったといいます。

母の恩《おん》を知《し》る。母の恩に報《むく》いようとする。その心から幸福は開《ひら》かれる。その心と心が結ばれて、平和の基盤《きばん》も築《きず》かれるのではないでしょうか。

私が十九歳《さい》から人生の師匠《ししょう》と仰《あお》いだ戸田城聖先生《とだじょうせいせんせい》も、折々《おりおり》に「母上《ははうえ》は元気《げんき》かな」と気づかってくださったことを、心温《あたた》かく思い出します。

万歳《ばんざい》を
叫《さけ》んであげたや
母上に

かつて私は、ある著名《ちょめい》な方から「この世界《せかい》で一番《いちばん》尊く、偉《えら》い人は誰《だれ》ですか」と質問《しつもん》されたことがあります。歴史上《れきしじょう》の偉人《いじん》を想定《そうてい》された問《と》いであったかもしれません。しかし、私は即座《そくざ》に、「最《もっと》も偉大《いだい》なのは庶民《しょみん》のお母《かあ》さんです」とお答《こた》えしました。誰にも母がいる。皆、お母さんから生まれてきました。母の愛情《あいじょう》の前《まえ》には、誰も敵《かな》いません。

仏典《ぶってん》には、「父母《ふぼ》となり其《そ》の子《こ》となるも必《かなら》ず宿習《しゅくじゅう》なり」※2とあります。仏法《ぶっぽう》では、いかなる人間関係にも必ず「宿縁《しゅくえん》」があると説《と》かれます。

なかんずく、人間が人間として人間らしく生《い》きゆくための心の温《ぬく》もりは、いつの世も、支《ささ》え合い、守り合う、家族の縁《えにし》から生《しょう》ずるといってよいでしょう。

名作『母』や『大地』の作家パール・バックは、知的障《ちてきしょう》がいのお嬢さんを抱《だ》きかかえながら、社会へ貢献《こうけん》を貫《つらぬ》きました。彼女《かのじょ》は書《か》き残《のこ》しました。

「家庭は大地です。私はそこに根《ね》をおろし、そこから心の栄養《えいよう》をとっているのです。こうして心が満《み》たされると、安心感《あんしんかん》も生まれてきます」※3

今《いま》、殺伐《さつばつ》としたストレス社会の荒れ野《あれの》が広がっています。自然《しぜん》の猛威《もうい》にさらされることもある。心を傷《きず》つけ、疲弊《ひへい》させ、不幸《ふこう》へ引《ひ》きずろうとする悪縁《あくえん》も少《すく》なくありません。だからこそ、最も身近《みぢか》な「家庭」や「家族の心の結合《けつごう》」を大切にしたいのです。

偉大なる
使命《しめい》の家族に
幸光《さちひか》れ

私が共《とも》に対談集《たいだんしゅう》を発刊《はっかん》した、アメリカの「平和研究《けんきゅう》の母」エリース・ボールディング博士は、語《かた》っておられました。

「平和のための機構《きこう》があっても、人々《ひとびと》の側《がわ》に平和をもたらす準備《じゅんび》が整《ととの》わなければ、どうして平和を実現《じつげん》できるでしょうか。私は、平和の土台《どだい》が、実は〝家庭〟の中《なか》にあり、〝地域《ち いき》社会〟の中にあることを確信《かくしん》していました」※4と。

博士が力説《りきせつ》された具体的《ぐたいてき》なポイントは、家族で語り合う時間《じかん》を多く取《と》り、「よい聞《き》き

著者撮影(ロシア・モスクワ)

手《て》」になることでした。「よく聞く」とは、相手《あいて》を否定《ひてい》せずに、そのまま受《う》け止《と》めることです。人格《じんかく》を尊重《そんちょう》することです。

「平和の文化《ぶんか》」は、家族の声《こえ》に耳《みみ》を傾《かたむ》けることから始まる——。これが、五人のお子さんを育《そだ》てながら、夫《おっと》と共に研究と平和運動に取り組《く》んでこられた博士の哲学《てつがく》です。

たとえば、わが家《や》の〝幸福劇場《げきじょう》〟では昨日《きのう》一日、「おはよう」から「おやすみ」まで、どんな言葉《ことば》が交《か》わされたでしょうか。

義母《はは》との関係で悩《なや》んでいた、ある女性は、何《なに》を語りかけるにも「お母《はは》さん」と心を込めて呼《よ》ぶようにしたそうです。

「お母さん、行《い》ってきます」

「お母さん、今、帰《かえ》りました」

こうした真心の努力によって家族のスクラムも強まっていきました。

一つの言葉から、人生は大きく動《うご》き始めます。

互《たが》いに忙《いそが》しい日々《ひび》だからこそ、縁《えん》する家族に思いやりの心を響《ひび》かせ、よき言葉をかけていきたい。

子育てにおいても、「育児《いくじ》」は「育耳《いくじ》」と言《い》われます。日頃《ひごろ》、子どもの耳に豊《ゆた》かな言葉を聞かせることが、成長《せいちょう》の力《ちから》になるというのです。「ほめる言葉」「励《はげ》ましの言葉」「感謝の言葉」、そして「勇気《ゆうき》の出《で》る言葉」を心がけていきたいものです。

母子《ははこ》して　築けや　幸《さち》の　天《てん》の家《いえ》

私と妻がよく知る信州《しんしゅう》のご一家《いっか》がおります。娘《むすめ》さんが中学《ちゅうがく》一年生《ねんせい》の時、周囲《しゅうい》の心ない言葉に傷ついて不登校《ふとうこう》になりました。まさか自分《じぶん》の娘が――教育者《きょういくしゃ》であった婦人にとって、出口《でぐち》の見えない長《なが》いトンネルに入《はい》ったような日々が続《つづ》きました。

一年後、婦人に、がんが見つかった時、娘さんは「私がお母さんを悩ませたからだね。

これからは、私がお母さんの健康を祈るね」と言ってくれました。

婦人は「生き抜《ぬ》いて使命を果《は》たす」と心を定《さだ》め、がんを克服《こくふく》。娘さんも徐々《じょじょ》に、母と一緒《いっしょ》に地域の集《つど》いに出られるほど元気になっていった。一家を温かく見守ってくれる先《せん》輩《ぱい》や仲間《なかま》の包容《ほうよう》が、大きな大きな支えとなりました。

ある日、婦人は、愛娘《まなむすめ》が帝王切開《ていおうせっかい》で、また仮死状態《かしじょうたい》で生まれたことを振《ふ》り返《かえ》りつつ、語りました。

「子どもは親《おや》を選《えら》んで生まれてくると聞いたけど、こんな母を選《えら》んでくれてありがとう！」

すると娘さんが笑顔《えがお》で応《こた》えたのです。

「私こそ、お母さん、生んでくれてありがとう！」

心が通《かよ》い合った最高《さいこう》の瞬間《しゅんかん》でした。

娘さんは二年間《ねんかん》の不登校を乗《の》り越《こ》え、今、教育者を目指《めざ》し大学《だいがく》で学《まな》んでいます。婦人も、自《みずか》らの大きな悩みを、友《とも》への同苦《どうく》と励ましの力に変《か》えて、いよいよ元気に奔走《ほんそう》しています。

母・一（いち）さんを背負う著者（1975年4月、静岡）

家族の絆は、共に苦難《くなん》に立《た》ち向《む》かう中で深まる。真心《まごころ》の言葉は、その前進《ぜんしん》のエンジンです。

家族とは、志《こころざし》を同《おな》じくし、励まし合い、助《たす》け合う人間の絆といってもよいでしょう。

先日《せんじつ》、欧州《おうしゅう》の三姉妹《しまい》が清々《すがすが》しい手紙《てがみ》をくれました。亡きご両親《りょうしん》は、皆から慕《した》われてやまない素晴らしき人格のリーダーでした。

「両親は、どんな逃《に》げ道《みち》のない問題《もんだい》があっても、周囲を勇気づけ、最期《さいご》の息《いき》を引き取るまで、信念《しんねん》を貫き通《とお》しました。今こそ私たちは、両親の遺志《いし》を継《つ》いで、皆のために力を尽くします」

真剣《しんけん》に誠実《せいじつ》に生き切《き》った父母たちの尊《とうと》き人生は、家族と同志《どうし》という生命《せいめい》の大地に還《かえ》ります。そして未来《みらい》へ生きゆく後継《こうけい》の世代《せだい》へ、永遠に豊かな心の滋養《じよう》を贈《おく》ってくれるものでしょう。

今日も、新緑さわやかな希望と勇気の言《こと》の葉《は》を、わが家から地域へ社会へ、繁《しげ》らせていきたいものです。

五月晴《さつきば》れ
母の笑顔が
ある限《かぎ》り
天上天下《てんじょうてんげ》は
楽土《らくど》と変《か》わらむ

（2011年5月号）

Road to Happiness

Light of Hope, Songs of Joy

Summer

第二章 夏

母《はは》の「負《ま》けない心《こころ》」——子育《こそだ》ては大偉業《だいいぎょう》

私の人生《じんせい》の師《し》である戸田城聖先生《とだじょうせいせんせい》は、尊《とうと》き庶民《しょみん》の母たちを「白《しら》ゆり」の花《はな》に譬《たと》えられました。

白ゆりの
香《かお》りも高《たか》き
集《つど》いかな
心の清《きよ》き
友《とも》どちなれば

一九五一年（昭和《しょうわ》二十六年）の六月、五十人ほどの婦人《ふじん》たちとの語《かた》らいの席《せき》で、恩師《おんし》が詠《よ》んだ和歌《わか》です。

敗戦《はいせん》から六年。日本《にほん》は占領下《せんりょうか》にあって、復興《ふっこう》へ悪戦苦闘《あくせんくとう》していた混乱《こんらん》の時代《じだい》でした。さらに当時《とうじ》は、朝鮮戦争《ちょうせんせんそう》（韓国《かんこく》戦争）が勃発《ぼっぱつ》して一年。東西冷戦《とうざいれいせん》の犠牲《ぎせい》となって民族《みんぞく》が引《ひ》き裂《さ》かれる、あまりにも痛《いた》ましい悲劇《ひげき》が打《う》ち続《つづ》きました。

わが恩師は、その荒《あ》れ野《の》に立《た》って懸命《けんめい》に生《い》き抜《ぬ》く無名《むめい》の母たちを、最《もっと》も高貴《こうき》な白ゆりとして讃《たた》え、希望の励《はげ》ましを贈《おく》ったのです。いかなる時代になろうとも、いかなる境遇《きょうぐう》になろうとも、母の「負けない心」に咲《さ》く白ゆりの花は、けなげであるとともに、どんな貴婦人《きふじん》よりも香《かぐわ》しき気品《きひん》と福徳《ふくとく》を象徴《しょうちょう》しています。

何《なに》ものも
恐《おそ》れぬ母の
慈愛《じあい》かな

この世《よ》で最も尊厳《そんげん》なもの、それは「生命《せいめい》」です。その生命を、自《みずか》らの生命を賭《と》して誕《たん》生《じょう》させ、養育《よういく》し、成長《せいちょう》させ、繁栄《はんえい》させていく。これほど崇高《すうこう》で、これほど偉大《いだい》な事業《じぎょう》はありません。

仏典《ぶってん》には、まるでおとぎ話《ばなし》のように、「宝浄世界《ほうじょうせかい》」、つまり宝《たから》に満《み》ちた清らかな世界から、荘厳《そうごん》な宝の塔《とう》が登場《とうじょう》するドラマが描《えが》かれています。

それは何を意味《いみ》しているのでしょうか。宝の塔とは、実は人間《にんげん》の生命のことです。そして、宝の塔のふるさとである「宝浄世界」とは、「我等《われら》が母の胎内《たいない》なり」※1と説《と》かれているのです。

さらに仏《ほとけ》の慈悲《じひ》とは、「母の赤子《あかご》の口《くち》に乳を入《い》れんとはげむ慈悲なり」※2とも記《しる》されています。

要《よう》するに、生命の尊厳といい、慈悲といっても、決《けっ》して特別《とくべつ》なことではない。命《いのち》を守《まも》り抜《ぬ》く母の心、子を慈しみ育《いつく》む母の振《ふ》る舞《ま》いこそが、最良《さいりょう》の手本《てほん》であり、無上《むじょう》の鑑《かがみ》なのです。

著者撮影（東京・八王子）

雅《みやび》やかな美人画《びじんが》で知《し》られる上村松園画伯《うえむらしょうえんがはく》の心に常《つね》に輝《かがや》いていたのも、父亡《ちな》きあと、家族《かぞく》を支《ささ》えてくれた、わが母への敬愛《けいあい》と感謝《かんしゃ》です。

「一家《いっか》の危機《きき》にのぞんで、断乎《だんこ》とした勇気《ゆうき》をしめした母の強《つよ》い意志《いし》と、私たちに対《たい》するふかい愛情《あいじょう》こそ、尊い『母の姿《すがた》』である」※3と、彼女《かのじょ》は語っていました。

この世界を温《あたた》める人間主義《しゅぎ》の熱《ねつ》も、地球社会《ちきゅうしゃかい》を明《あか》るく照《て》らす生命尊重《そんちょう》の光も、母という太陽《たいよう》から生《う》まれ出《い》ずるといって過言《かごん》ではないでしょう。

母よ 母
楽観主義《らっかんしゅぎ》の
日々《ひび》 送《おく》れ

一刻《いっこく》一刻、生命は動《うご》き、一日《いちにち》一日、生命は成長します。その生命と体当《たいあ》たりで向《む》き合《あ》う子育ては、一年三百六十五日、毎日《まいにち》が必死《ひっし》の戦《たたか》いです。

お子さんの世話《せわ》だけでも手一杯《ていっぱい》のところに、仕事《しごと》や地域《ちいき》の活動《かつどう》などもある。最近《さいきん》では、子育てに励《はげ》む男性《だんせい》「イクメン」が増《ふ》えてきたようですが、夫《おっと》が手のかかる〝大《おお》きな子ども〟であったりする場合《ばあい》も少《すく》なくないでしょう。

ある調査《ちょうさ》で、幼子《おさなご》を抱《かか》えて育児《いくじ》ストレスを感《かん》じたことがある母親《ははおや》は、約《やく》七七パーセントとありました。その原因《げんいん》で一番多《いちばんおお》いのは、「自分《じぶん》の自由《じゆう》な時間《じかん》が取《と》れない」ことだといいます。※4

思《おも》い描《えが》いた通《とお》りに子どもは動いてはくれないし、なにやかや、うまくいかないこともあるでしょう。

でも、困難《こんなん》から知恵《ちえ》は生まれます。上村松園画伯も、母から受《う》け継《つ》いだ強き心で語っていました。「スラスラでき上《あ》がったものより、途中《とちゅう》さまざまな失敗《しっぱい》のあったものにかえって良《よ》いものができる」※5と。

ともあれ、子育てに悩《なや》んだり、行《ゆ》き詰《づ》まったりするのは、自分だけではありません。無数《むすう》の母たちが歩《あゆ》んできた道《みち》です。ですから、困《こま》った時に一人《ひとり》で抱《かか》え込《こ》む必要《ひつよう》はない。多くの先輩《せんぱい》や仲間《なかま》たちが、それこそ失敗談《しっぱいだん》や成功例《せいこうれい》を話し、泣《な》いたり笑《わら》ったりして相談に乗《の》ってくれるはずです。

「子育て」を、お母《かあ》さん一人に背負《せお》わせた孤独な「孤育《こどく》て」にしては、かわいそうです。子どもも、親も、地域の人々《ひとびと》との交流《こうりゅう》の中でこそ成長していくものです。

私は一貫《いっかん》して、「社会のための教育《きょういく》」から「教育のための社会」への大転換《だいてんかん》を訴《うった》えてきました。その最大《さいだい》に頼《たの》もしい原動力《げんどうりょく》は、どの子も、かけがえのない未来《みらい》の宝として見守《みまも》り支える、お母さんたちの連帯《れんたい》だと思っています。

絶望《ぜつぼう》を
軽《かる》く抱《だ》きしめ
母讃歌《ははさんか》

アメリカ・エマソン協会《きょうかい》のサーラ・ワイダー元会長《もとかいちょう》も、教育や研究《けんきゅう》・創作《そうさく》に取《と》り組《く》みながら、一人の母として大きな愛情を持って、お嬢《じょう》さんを育ててこられました。子育てで一番幸《しあわ》せに思うことについて、「娘《むすめ》が彼女《かのじょ》にとって何か大事《だいじ》なこと、夢中《むちゅう》になっていることを話してくれる時《とき》です」※6と言《い》われていました。

少女から花のプレゼントを受ける著者(1981年5月、ドイツ・フランクフルト)

躍動《やくどう》する若《わか》き命が生き生きと感じとっていることは、私たち大人《おとな》にも新鮮《しんせん》な発見《はっけん》をくれます。それは、お子さんと深《ふか》く時間を共有《きょうゆう》しているからこそ訪《おとず》れる喜《よろこ》びといってよいでしょう。

一日二十四時間。時間は広《ひろ》げられませんが、心は楽《たの》しく豊《ゆた》かに広げることができます。たとえば、子どもと同《おな》じ目線《めせん》に立ち、同じ弾《はず》む心で学《まな》んでいくこと。そこに、子育ての「思い通りにいかない悩み」から、「思いもよらない喜び」を生み出《だ》すヒントがあるのではないでしょうか。

ささやかな思い出ですが、わが家《や》でも長男《ちょうなん》が一、二歳《さい》の頃《ころ》、当時の蓄音機《ちくおんき》を回《まわ》してレコードをかけることを覚《おぼ》えてしまいました。レコードに傷《きず》がついてはと、妻《つま》は机《つくえ》の下《した》に隠《かく》したのですが、そこがまた、子どもの目の高《たか》さからは丸見《まるみ》えだったのです。妻も思わず笑っていました。

何度《なんど》も立ち止《ど》まり、なかなか歩《ある》いてくれない幼児《ようじ》の目には、もしかしたら、道ばたの草花《くさばな》や昆虫《こんちゅう》が美《うつく》しく輝《かがや》いているのかもしれません。そして見上げれば、お母さんの優《やさ》しい笑顔《えがお》が光り、その向こうの青空《あおぞら》には変幻自在《へんげんじざい》の雲《くも》が躍《おど》る……。

子どもたちと一緒《いっしょ》に、日々、生まれ変《か》わった心で、世界を見つめ返《かえ》し、学び直《なお》し、創《つく》りゆくことは、なんとみずみずしく自分を蘇《よみがえ》らせてくれることでしょうか。

「育児」は「育自《いくじ》」でもあります。

母
偉大《いだい》なれば
不幸《ふこう》なし

どの子も、幸福《こうふく》になるために生まれてきました。

どの子も、勝利《しょうり》するために生まれてきました。

どんな試練《しれん》も勝《か》ち越《こ》えて幸せになる力《ちから》を贈《おく》ってくれるのが、母の真剣《しんけん》な心であり、深き愛情です。

私と妻が見守ってきた大阪《おおさか》のご家族は、次女《じじょ》が一歳の時、重度《じゅうど》の聴力障《ちょうりょくしょう》がいが判明《はんめい》しました。婦人は一週間《いっしゅうかん》、涙《なみだ》が涸《か》れるほど泣きあかし、重《おも》い鉄《てつ》の扉《とびら》を開《ひら》く決心《けっしん》で、教《きょう》育者《いくしゃ》の夫と共《とも》に立ち上がったといいます。

ろう学校《がっこう》へ往復《おうふく》三時間の道のりを一緒に通学《つうがく》。子らが寝静《ねしず》まってから、家中《いえじゅう》の家具《かぐ》に、その名前《なまえ》とキュード（手がかり言語《げんご》）を書《か》いて張《は》りました。物《もの》に名前があることを覚えてもらうためです。

そうした奮闘《ふんとう》の様子《ようす》を伺《うかが》い、私も妻を通して、「幸福は心です。幸せになればよいのです」との伝言《でんごん》を託《たく》したことがあります。

婦人は、「ありのまま天真爛漫《てんしんらんまん》に生きる子どもの可能性《かのうせい》を、親のエゴで閉《と》ざしてはいけない」と決《き》めたといいます。

母の心は皆《みな》に伝《つた》わりました。次女は、聡明《そうめい》な姉《あね》の応援《おうえん》、さらに教職員《きょうしょくいん》や児童《じどう》の真心《まごころ》の協力《きょうりょく》で、一般《いっぱん》の小学校《しょうがっこう》に通《かよ》いとおすことができました。また、地域《ちいき》の皆さんが手話《しゅわ》や筆談《ひつだん》で関《かか》わってくれる中で、臆《おく》さず堂々《どうどう》と育っていきます。そして努力《どりょく》に努力を重《かさ》ねて、今春《こんしゅん》、創価女子短期大学《そうかじょしたんきだいがく》を立派《りっぱ》に卒業《そつぎょう》してくれました。姉と励《はげ》まし合いながら、今《いま》、大《おお》手企業《てきぎょう》で新社会人《しんしゃかいじん》として活躍《かつやく》しています。

お母さんは、「娘《むすめ》たちと負けない心を鍛《きた》えることができました。地域に、社会に、家族で恩返《おんがえ》しをしていきます」と清々《すがすが》しく語っています。

永遠《えいえん》の
　幸《さち》の光彩《こうさい》
　　母子《ははこ》かな

〝子どもたちにとって、もっと安全《あんぜん》で、もっと清らかで、もっと幸福な世界を手に入れるために、女性の力で恐《おそ》れなく戦おう！〟――こう叫《さけ》んだのは、英国《えいこく》の「議会《ぎかい》の母」ナンシー・アスターでした。※7

宮城県《みやぎけん》・気仙沼《けせんぬま》の地《ち》で、あの大津波《おおつなみ》の浸水《しんすい》にも流《なが》されずに残《のこ》った一枚《いちまい》の模造紙《もぞうし》がありました。そこには、少年少女《しょうねんしょうじょ》たちの愛唱《あいしょう》する歌《うた》が綴《つづ》られていました。「ビー・ブレイブ！（勇気《ゆうき》を出して！）負けない心を燃《も》やして」と呼《よ》びかける歌です。

大震災《だいしんさい》にもくじけず、愛《あい》する東北《とうほく》の未来っ子たちは、勇気の歌声《うたごえ》を郷土《きょうど》に響《ひび》かせながら、明日《あす》へ向かって、たくましく前進《ぜんしん》してくれています。

この子らにとって何よりの支えも、白ゆりのごとく凛《りん》と咲《さ》き誇《ほこ》る母たちの負けない心でしょう。

思えば、イタリア・ルネサンスの「花の都《みやこ》」フィレンツェの紋章《もんしょう》も、ゆりの花でした。新《あら》たな生命尊厳のルネサンスへ、白ゆりの母たちが、幸の大輪《たいりん》を香《かお》りも高く咲かせゆかれることを、私は祈《いの》らずにいられません。

雑草《ざっそう》に
囲《かこ》まれ 吹雪《ふぶき》に
耐《た》えゆかむ
王女《おうじょ》のごとき
白ゆり 優雅《ゆうが》に

（2011年6月号）

母の「負けない心」——子育ては大偉業

エコに生《い》きる――皆《みな》で「分《わ》かち合《あ》う心《こころ》」を

春《はる》が来《き》た　夏《なつ》が来た
　勝利《しょうり》の太陽《たいよう》が来た
向日葵《ひまわり》は花《はな》の王者《おうじゃ》
　秋冬《あきふゆ》へと輝《かがや》きゆく幸福《こうふく》の花

これは、ある年《とし》の七月、東京《とうきょう》・八王子《はちおうじ》に立《た》つ創価大学《そうかだいがく》のご近所《きんじょ》の畑で、花を栽培《さいばい》されているご家族《かぞく》から、黄金《おうごん》に輝く素晴《すば》らしいヒマワリの花々を頂戴《ちょうだい》し、せめてもの御礼《おんれい》にと、お贈《おく》りした一詩《いっし》です。

漢字《かんじ》で「日《ひ》に向《む》かう葵《あおい》」と記《しる》されるヒマワリは、世界有数《せかいゆうすう》の栽培国《さいばいこく》である欧州《おうしゅう》のウクライナでも「小《ちい》さな太陽」と呼《よ》ばれて、幸福のシンボルになっています。

日輪《にちりん》と共《とも》に快活《かいかつ》に胸《むね》を張《は》り、自《みずか》らもまた太陽のように、周囲《しゅうい》を明《あか》るく照《て》らし晴《は》らしていく――。

それがヒマワリです。

人生の四季《しき》も、お互《たが》いにこのヒマワリのような笑顔《えがお》の花を咲《さ》かせながら、晴れ晴れと綴《つづ》っていきたいものです。

その意味《いみ》で、巨匠《きょしょう》ゴッホの描《えが》いたヒマワリの名画《めいが》に「感謝《かんしゃ》」という意義《いぎ》が込《こ》められていたことは[※1]、示唆的《しさてき》です。感謝を知《し》る心は聡明《そうめい》であり、自分《じぶん》も他者《たしゃ》も共に光《ひか》らせていくからです。

ヒマワリが美《うつく》しいのは、自らに惜《お》しみなく注《そそ》がれた陽光《ようこう》に、生命《せいめい》の本源《ほんげん》からの感謝を込めて、懸命《けんめい》に応《こた》えようとしているからかもしれません。

あの花も
　あのさわやかな
　　緑《みどり》まで
　　　あなたと君《きみ》の
　　　　命《いのち》なるかな

大《おお》きく深呼吸《しんこきゅう》して心を広《ひろ》げてみれば、自分と他者、自分と社会《しゃかい》、自分と自然《しぜん》、さらに自分と宇宙《うちゅう》まで、深《ふか》い次元《じげん》で結《むす》ばれて一体《いったい》であることを感《かん》じます。一日一日《いちにち》、私たちが生きるという営《いとな》みは、なんと壮大《そうだい》な生命の連関《れんかん》に支《ささ》えられていることでしょうか。

二〇〇五年二月、アフリカの「環境《かんきょう》の母《はは》」ワンガリ・マータイ博士を青年《せいねん》たちと共に歓迎《かんげい》し、共生《きょうせい》の生命哲学《てつがく》を語《かた》り合ったことは、私と妻《つま》の忘《わす》れ得《え》ぬ歴史《れきし》です。

マータイ博士は、森林《しんりん》の破壊《はかい》が進《すす》み、食糧生産《しょくりょうせいさん》も衰《おとろ》えてしまった祖国《そこく》ケニアで、女性《じょせい》たちと立ち上がり、「グリーンベルト運動《うんどう》」によって、四千万本もの植樹《しょくじゅ》をしてこられた方《かた》です。

お母《かあ》さまの大切《たいせつ》な思《おも》い出《で》を、微笑《ほほえ》みながら語ってくださいました。

――幼《おさな》い頃《ころ》、朝早《あさはや》く空《そら》を見上げていると、流《なが》れ星《ぼし》が走《はし》ったので驚《おどろ》いて、母に聞《き》きました。

「ねえ、どうして空は落《お》ちてこないの？」

母は、こう話《はな》してくれました。

「空は落ちてなんかこないわよ。私たちの周《まわ》りを囲《かこ》んでいる山《やま》には、とっても大きな水牛《すいぎゅう》がいて、水牛には、とっても大きな角《つの》があって、それが、お空を支《ささ》えてくれているんだよ」と。

人《ひと》は自然に助《たす》けられ支えられている――この真理《しんり》を、博士は母から学《まな》んだと言《い》われるのです。

やがて博士は、母の心を受《う》け継《つ》ぎ、ふるさとの自然環境を蘇生《そせい》させるため、自らの手《て》で木《き》を植《う》えていきます。最初《さいしょ》の植樹はわずか七本。そのささやかな一歩《いっぽ》から、広大《こうだい》な大《だい》地《ち》を緑に染《そ》め上げる世界的な植樹運動へと大発展《だいはってん》していったのです。

近年《きんねん》、日本《にほん》で市民権《しみんけん》を得た「エコ」という言葉《ことば》は、もともと「エコロジー」に由来《ゆらい》します。

これには「生態学《せいたいがく》」という意味があります。万物《ばんぶつ》がすべて関係《かんけい》し合って生きていることを探究《たんきゅう》する学問《がくもん》です。そして「環境保全《ほぜん》」という意味もあります。

その英知《えいち》を、日々の暮《く》らしの生きた哲学として根付《ねづ》かせていく時《とき》、真《しん》の「心の豊《ゆた》かさ」がもたらされるのではないでしょうか。

不思議《ふしぎ》なる
　生命《いのち》の博士の
　　君なれば
生活女王《せいかつじょおう》と
　　賢《かしこ》く生き抜け

マータイ博士は「モッタイナイ」という日本語に心から共鳴《きょうめい》し、世界に広めてくれました。

「リデュース（ごみを減《へ》らす）」「リユース（繰《く》り返《かえ》し使《つか》う）」「リサイクル（資源《しげん》として再生《さいせい》

著者撮影（2007年8月、長野）

利用《りよう》する)」とも示《しめ》される、今日《こんにち》でいうエコライフは、昔《むかし》から命を慈《いつく》しみ、ものを大切にし、一家《いっか》をきりもりする女性たちの知恵《ちえ》と重《かさ》なり合っています。

わが家《や》でも、結婚《けっこん》の当初《とうしょ》から、妻が包装紙《ほうそうし》やひもなどを大事《だいじ》にとっておいて何度《なんど》も使ったり、食材《しょくざい》が残《のこ》らないような献立《こんだて》を考《かんが》えたりしていました。

今《いま》、環境問題《かんきょうもんだい》への取《と》り組《く》みは、街《まち》や職場《しょくば》、家庭《かてい》――至《いた》る所《ところ》で見つけることができます。

エコバッグで買《か》い物《もの》をする。LED電球《でんきゅう》や環境にやさしい家電《かでん》を使用《しよう》する。さらに自動車《どうしゃ》ではなく自転車《じてんしゃ》や徒歩《とほ》で移動《いどう》して、健康《けんこう》をつくる機会《きかい》とする。ごみを分別《ぶんべつ》してペットボトルなどをリサイクルする。冷暖房《れいだんぼう》の設定温度《せっていおんど》に気《き》をつけたり、家電のコンセントをこまめに抜《ぬ》いて待機電力《たいきでんりょく》を減らしたり等《とう》、さまざまです。

調査《ちょうさ》によれば、ごみの分別や再利用、環境にやさしい製品《せいひん》の購入《こうにゅう》といった点《てん》で、男性《だんせい》よりも女性のほうが、ことごとく意識《いしき》が高《たか》いといいます。※2

環境を守《まも》り、生命《せいめい》を守る偉大《いだい》な力《ちから》は、女性です。

自分一人《ひとり》の「エゴ(利己主義《りこしゅぎ》)」を第一《だいいち》に生きるのではなく、自他《じた》共の「エコ(環境)」を大切に生きる――こう変革《へんかく》していくべき時が待《ま》ったなしで来ています。

負《ま》けるな　断《だん》じて負けるな
貴女《あなた》の生命の中《なか》に太陽がある

大阪《おおさか》に、地域《ちいき》の友人《ゆうじん》と一緒《いっしょ》に、潑剌《はつらつ》とリサイクル運動を進めてきた婦人《ふじん》がいます。「捨《す》ててしまえばただのごみでも、知恵を働《はたら》かせれば素晴らしいものに生まれ変《か》わります。小さな努力《どりょく》の積《つ》み重ねこそが地球環境を守り、平和《へいわ》で豊かな暮《く》らしにつながります」と。

しかし、その歩《あゆ》みは平坦《へいたん》な道《みち》のりではありませんでした。洋服店《ようふくてん》を営む夫《おっと》が強度《きょうど》の自律神経失調症《りつしんけいしっちょうしょう》を患《わずら》っていたため、幼子《おさなご》二人《ふたり》を抱《かか》えて生活の労苦《ろうく》のすべてを担《にな》わねばならなかったのです。

〝どうして私だけが〟と辛《つら》くてならない時、地域の先輩《せんぱい》が「あきらめないで乗《の》り越《こ》えるんやで」と毎日《まいにち》のように温《あたた》かく激励《げきれい》してくれました。

その真心《まごころ》に感動《かんどう》した婦人は、うらみがましい気持《きも》ちが消《き》えて、夫にもやさしい言葉をかけられるようになったといいます。夫の病気《びょうき》も少《すこ》しずつ回復《かいふく》へと向かいました。

そして婦人が、自分を励《はげ》ましてくれた地域の方々への感謝《かんしゃ》の心から、何《なに》かで役《やく》に立ちたいと始《はじ》めたのが、リサイクルの取り組みでした。

最初は、食用油《しょくようあぶら》の廃油《はいゆ》から「せっけん」をつくりました。地域の方に喜《よろこ》ばれ、協力者《きょうりょくしゃ》の輪《わ》が広がりました。さらに、牛乳《ぎゅうにゅう》パックを使ったミニ座椅子《ざいす》など、数々《かずかず》のリサイクルの作品《さくひん》に挑戦《ちょうせん》し、アルミ缶《かん》の回収《かいしゅう》も行《おこな》っています。

その婦人は、みんなが楽《たの》しくリサイクル運動に参加《さんか》する中で、愛《あい》する地域に悩《なや》みも喜びも語り合える絆《きずな》が生まれていることが、何より嬉《うれ》しいと話していました。

月《つき》が美しく見ている
　悩《なや》みながらも
真剣《しんけん》に語り合う友《とも》の中にこそ
　生命の花は
　　永遠《えいえん》に咲《さ》き薫《かお》るであろう

聖教新聞本社にて、アフリカの「環境の母」ワンガリ・マータイ博士と会見（2005年2月、東京）

このたびの東日本大震災《ひがしにほんだいしんさい》の直後《ちょくご》、青森県《あおもりけん》の若《わか》い姉妹《しまい》の投書《とうしょ》が聖教新聞《せいきょうしんぶん》に掲載《けいさい》されました。

被災地《ひさいち》の方々のことを思い、まず身近《みぢか》からできることとして、節水《せっすい》や節電《せつでん》を心がけようとの呼《よ》びかけでした。

これには、かつて阪神《はんしん》・淡路《あわじ》大震災を経験《けいけん》された神戸市《こうべし》の女性などからも賛同《さんどう》の投書が寄《よ》せられ、大きな反響《はんきょう》がありました。

苦労《くろう》している人のことを思えば、じっとしてはいられない――生命《いのち》を思いやる「あたたかさ」こそ「エコ」に生きる力であり、人を思いやる「やさしさ」こそ「エコ」の連帯《れんたい》を織《お》り成《な》す力でしょう。

ウクライナ国立《こくりつ》キエフ工科《こうか》大学のミハイル・ズグロフスキー総長《そうちょう》と私の対談集《たいだんしゅう》でも、環境問題が大きなテーマとなりました。※3

ウクライナは、あの二十五年前（一九八六年）のチェルノブイリ原子力発電所《げんしりょくはつでんしょ》の大惨事《だいさんじ》で、甚大《じんだい》な被害《ひがい》に苦《くる》しみ抜《ぬ》いてきました。

だからこそ、世界でいち早く核兵器《かくへいき》の廃絶《はいぜつ》を宣言《せんげん》したのです。かつての核実験施設《かくじっけんしせつ》の跡地《あとち》には、ヒマワリが植えられました。「小さな太陽」ヒマワリは、平和の大地に金色《こんじき》に咲き誇《ほこ》っています。

いかなる試練《しれん》に直面《ちょくめん》しようとも、断じて転換《てんかん》して、「生命《せいめい》の尊厳《そんげん》を最優先《さいゆうせん》する」社会をつくる。これこそ人間《にんげん》が毅然《きぜん》と選《えら》び取るべき道である――総長と私が深く一致《いっち》した精《せい》神《しん》です。

釈尊《しゃくそん》は語りました。

「一切《いっさい》の生きとし生けるものは、幸福であれ、安穏《あんのん》であれ、安楽《あんらく》であれ」「すでに生まれたものでも、これから生まれようと欲《ほっ》するものでも、一切の生きとし生けるものは、幸《しあわ》せであれ」※4と。

この地球《ちきゅう》を、私たちは、次《つぎ》の世代《せだい》へ、美しく豊かな星として引《ひ》き継《つ》いでいかねばなりません。それを成し遂《と》げる力は、限《かぎ》りある資源を、今を生きるすべての生命、そして、これから生まれてくるすべての生命と「分かち合う」ことによって育《はぐく》まれます。それはすなわち、未来《みらい》への使命《しめい》と責任《せきにん》を、皆《みな》で「分かち合う」ということではないでしょうか。

心一つで 全宇宙《ぜんうちゅう》に
無駄《むだ》であるものはない
皆 美しく 皆 尊《とうと》い
生命を持っている

（2011年7月号）

エコに生きる——皆で「分かち合う心」を

家計《かけい》と経済《けいざい》——清々《すがすが》しき人生《じんせい》の軌道《きどう》を

朝顔《あさがお》のように
朝になると
明《あか》るい笑顔《えがお》
朗《ほが》らかな清々しい
笑顔でいたいものだ

ある八月の朝、親《した》しい友《とも》が丹精込《たんせいこ》めて育《そだ》ててくれた朝顔の花《はな》が咲《さ》きました。

青《あお》い朝顔と紅《あか》い朝顔が、まるで王子《おうじ》と王女《おうじょ》のように天真爛漫《てんしんらんまん》に微笑《ほほえ》む姿《すがた》に心《こころ》ひかれて、私は一詩《いっし》を綴《つづ》りました。

朝顔は、朝一番《いちばん》を笑顔で出発《しゅっぱつ》します。

昨日《きのう》までがどうあれ、クヨクヨなどしない。今朝《けさ》は、生《う》まれ変《か》わった新《あたら》しい命《いのち》である。

今日一日《きょういちにち》を思《おも》う存分《ぞんぶん》、悔《く》いなく生《い》き切《き》っていこう!

このきっぱりとした朝顔の姿勢《しせい》が、多《おお》くの庶民《しょみん》から愛《あい》されてきた魅力《みりょく》の一《ひと》つかもしれません。

江戸時代《えどじだい》の後期《こうき》、福島県出身《ふくしまけんしゅっしん》の「俳句《はいく》の母《はは》」市原多代女《いちはらたよじょ》は、若《わか》くして夫《おっと》に先立《さきだ》たれ、自身《じしん》の病気《びょうき》とも闘《たたか》いながら、三人《さんにん》のお子《こ》さんを育てました。

試練《しれん》に負《ま》けず、長寿《ちょうじゅ》の命をいよいよ前向《まえむ》きに生きぬいた彼女《かのじょ》は詠《よ》んでおります。

「蕣《あさがお》や　日《ひ》ましに高う　咲きのぼる」※1

この句《く》の心を、大震災《だいしんさい》から立《た》ち上《あ》がり、日々、復興《ふっこう》へ尊《とうと》き汗《あせ》を流《なが》される健気《けなげ》な東北《とうほく》の母たちと重《かさ》ね合《あ》わせるのは、私だけではないでしょう。

辛《つら》くとも

私は決《けっ》してくじけない

私には 私には

希望という宝《たから》があるからだ

朝顔は今《いま》、「エコ」の面《めん》からも注目《ちゅうもく》を集《あつ》めているようです。窓際《まどぎわ》に植《う》えて「緑《みどり》のカーテン」にすると、日差《ひざ》しを和《やわ》らげ、葉《は》の蒸散作用《じょうさんさよう》で室温《しつおん》の上昇《じょうしょう》を抑《おさ》えることができて、節《せつ》電《でん》にもなるというのです。

わが家《や》の窓辺《まどべ》を花で彩《いろど》りながら、環境《かんきょう》の保護《ほご》にもなり、家計の節約《せつやく》にもなる価値《かち》の創《そう》造《ぞう》です。

「エコノミー」すなわち「経済」を重視《じゅうし》する考《かんが》えと、「エコロジー」すなわち「環境」を重視する考えは、長《なが》い間《あいだ》、対立《たいりつ》してきました。

しかし、いっそう互《たが》いに知恵《ちえ》を出《だ》し、仲良《なかよ》く力《ちから》を合わせる時《とき》が来《き》ているのではないでしょうか。

著者撮影（長野）

そもそも、「エコノミー」も「エコロジー」も、〝家〟や〝家庭《かてい》〟を意味《いみ》するギリシャ語《ご》の「オイコス」を語源《ごげん》としています。その点《てん》で、経済も環境も、同《おな》じ「家」を根《ね》っことする兄弟姉妹《きょうだいしまい》といってよいでしょう。

アメリカのルーズベルト政権《せいけん》やケネディ政権の頭脳《ずのう》として活躍《かつやく》した大経済学者《がくしゃ》のガルブレイス博士は、ハーバード大学《だいがく》に女子学生《じょしがくせい》を増《ふ》やそうと尽力《じんりょく》された方《かた》でもあります。博士に、なぜ経済学を選《えら》ばれたのかと尋《たず》ねると、こう答《こた》えてくれました。

「個人《こじん》や家庭の『経済』の状況《じょうきょう》が、他《た》のどの学問《がくもん》の分野《ぶんや》よりも、より密接《みっせつ》に、より明確《めいかく》に、生活《せいかつ》や幸福《こうふく》に関連《かんれん》していると考えました」※2と。

世界市場《せかいしじょう》や国家財政《こっかざいせい》、また地域振興《ちいきしんこう》や企業経営《きぎょうけいえい》など、多次元《たじげん》にわたる経済の営《いとな》みも、すべては本来《ほんらい》、「人間《にんげん》の幸福」のためにあります。「経済」の本義《ほんぎ》も「経世済民《けいせいさいみん》」（世を経《おさ》め民《たみ》を済《すく》う）です。

この原点《げんてん》に立ち返《かえ》れば、わが家の生活をどう安定《あんてい》させ、わが家族《かぞく》の幸《しあわ》せをどう開《ひら》いていくかという、一番身近《みぢか》な「家計」こそが、経済の一切《いっさい》の起点《きてん》なのです。

母は
平和《へいわ》と幸福の大使《たいし》
そして 母は
人間生活の智慧の博士

近年《きんねん》の経済危機《きき》による深刻《しんこく》な不況《ふきょう》や失業《しつぎょう》が家計を直撃《ちょくげき》する中、やりくり上手《じょうず》の奥《おく》さま方《がた》のへそくりが家族を支《ささ》える大《おお》きな力になっていると聞《き》きました。

家計がしっかりしていれば、いざという時に家族を守《まも》ることができます。幸福は、確《たし》かなる家計の上《うえ》に築《きず》かれるといっても、過言《かごん》ではないでしょう。

実業家《じつぎょうか》でもあられた私の恩師《おんし》・戸田城聖先生《とだじょうせいせんせい》は語《かた》っていました。

「金銭《きんせん》にだらしのない家は不幸《ふこう》である。決して栄《さか》えない。金銭、そして一日一日の生活を大事《だいじ》にしていく家庭は健全《けんぜん》である」と。

その恩師が、私たちの結婚《けっこん》の際《さい》、妻《つま》に具体的《ぐたいてき》にアドバイスしてくださったことは、「家計簿《かけいぼ》をつけること」でした。以来《いらい》、恩師の教《おし》え通《どお》りに妻が欠《か》かさずにつけてきた家計簿は、地味《じみ》でありながら、わが家の〝航海日誌《こうかいにっし》〟ともいうべき貴重《きちょう》な記録《きろく》になっています。

忍耐《にんたい》の
　心は宝《たから》と
　　晴《は》れの城《しろ》

人生の旅路《たびじ》には、雨《あめ》の日も、嵐《あらし》の日もある。その逆境《ぎゃっきょう》の中を、家族は支え合い、励《はげ》まし合って、なんとか乗《の》り切っていかねばなりません。収入《しゅうにゅう》と支出《ししゅつ》を記《しる》す家計簿は、今の家族の状況《じょうきょう》を「見《み》える化《か》」してくれます。見直《みなお》すべき無駄遣《むだづか》いや節約できる出費《しゅっぴ》が明《あき》らかになります。見栄《みえ》を張《は》ったり、贅沢《ぜいたく》をしたりすることは、長続《ながつづ》きしません。わが家は、わが家らしく、地道に堅実《けんじつ》に、そして忍耐強《づよ》く、一歩《いっぽ》また一歩、進《すす》んでいくことが、清々《すがすが》しい人生の軌道です。

音楽隊・鼓笛隊合同演奏会で出演者をねぎらう（2002年11月、東京）

あの大科学者《だいかがくしゃ》キュリー夫人《ふじん》も、裕福《ゆうふく》とはいえない日々の中で、一日に八時間《じかん》の研究《けんきゅう》、二、三時間の家事《かじ》とともに、欠かさなかったのが、家計簿の記入《きにゅう》だったといいます。※3 二人《ふたり》の娘《むすめ》の母として賢明《けんめい》に一家《いっか》をきりもりしながら、探究《たんきゅう》に取《と》り組《く》み、新元素《しんげんそ》の発見《はっけん》など、人《じん》類史《るいし》に名《な》を留《とど》める成果《せいか》を残《のこ》したのです。

「どんなに不適当《ふてきとう》な場所《ばしょ》にいても、やり方しだいで、いくらでもりっぱな仕事《しごと》ができる」※4

これは、キュリー夫人の確信《かくしん》でありました。

母ありて
この世《よ》は明るく
なりにけり

私の恩師が、いつも励《はげ》ましておられた東京《とうきょう》のお母《かあ》さまがいます。小児結核《しょうにけっかく》の娘さんを抱《かか》え、二畳一間《にじょうひとま》の狭《せま》い部屋《へや》で暮《く》らしながら、友のため、地域《ちいき》のためにと真剣《しんけん》に奔走《ほんそう》されていた方です。

恩師は「貧乏《びんぼう》は太《ふと》い棒《ぼう》のようなもので、なかなか倒《たお》れないんだよ」とユーモアを込《こ》めて言《い》われながら、常《つね》に未来《みらい》へ明るい希望を贈《おく》られていました。

やがて、戦争《せんそう》で障《しょう》がいを負《お》ったご主人《しゅじん》が働《はたら》けるほど元気《げんき》になり、娘さんも病気を克服《こくふく》できたのです。

一個《いっこ》のコッペパンを母は食《た》べずに、四人のお子さん方に分《わ》けるような時もありました。また、鼓笛隊《こてきたい》で頑張《がんば》る娘さんのために、母が自分の衣類《いるい》を売《う》ってでも練習《れんしゅう》の交通費《こうつうひ》を工面《くめん》する時もありました。

暮らしは苦《くる》しくとも、母の慈愛《じあい》は限《かぎ》りなく豊《ゆた》かでした。

その母に応《こた》えて、お子さん方も立派《りっぱ》に成長《せいちょう》し、家計を助《たす》けてくれました。そして、地域の方々が喜《よろこ》んで集《つど》われる家も新築《しんちく》できたのです。

「どんな悩《なや》みや困難《こんなん》があっても、臆《おく》せず、勇気《ゆうき》を持《も》って歩《あゆ》める人生。それが最高《さいこう》の喜びです。まだまだこれから」と語る母の笑顔は、神々《こうごう》しい光を放《はな》っています。

あの人《ひと》は
哀《あわ》れな財宝《もの》の
奴隷《どれい》かな
我《われ》らは 不滅《ふめつ》の
太陽《たいよう》 持ちたり

私がお会《あ》いした、インドネシアのワヒド元大統領《もとだいとうりょう》ご夫妻《ふさい》は述懐《じゅっかい》されていました。

「私たち夫婦《ふうふ》も、子どもたちに残すような大きな財産《ざいさん》はありませんが、長い結婚《けっこん》生活で誇《ほこ》りにしていることがあります。それは、子どもたちが社会《しゃかい》のなかで活動《かつどう》する才能《さいのう》、自分《じぶん》の仕事を追求《ついきゅう》し努力《どりょく》していく能力《のうりょく》を、私たちは育《はぐく》み、残してあげることができたことです」※5

私は、麗《うるわ》しきご夫妻を心からねぎらい、教育《きょういく》こそ親《おや》が子に残す最高の財産です――と申《もう》し上《あ》げました。

目的《もくてき》が明確であれば、たとえ額《がく》は少《すく》なくとも、お金《かね》を有意義《ゆういぎ》に活用《かつよう》する充実感《じゅうじつかん》が生まれます。お金に振《ふ》り回《まわ》されるのではなく、こちらの生き方によって、お金に命を吹《ふ》き込《こ》んで活《い》かしていくことが大切《たいせつ》でしょう。

日本《にほん》の「経営の神様《かみさま》」松下幸之助翁《まつしたこうのすけおう》とも、しみじみと語り合った仏典《ぶってん》があります。それは、「蔵《くら》の財《たから》よりも身《み》の財すぐれたり身の財より心の財第一《だいいち》なり」※6という一節《いっせつ》です。お金や地位《ちい》や名声《めいせい》よりも尊いものがある。それが、いかなる苦難《くなん》にも負けない「心」です。目標《もくひょう》を持って前進《ぜんしん》する「心」です。心の富める長者《ちょうじゃ》は、「蔵の財」も「身の財」も豊かにしていけます。

人のため、社会のために、わが命を燃《も》やしながら、何《なに》ものにも勝《まさ》る「心の財」を積《つ》み、未来に笑顔で伝《つた》え残しゆくことこそ、大勝利《だいしょうり》の人生でありましょう。

「笑《わら》う」は、古《ふる》くは「咲《わら》う」とも書《か》きました。笑顔は、人間が咲かせることのできる花です。お金があってもなくても、家族にも、友人《ゆうじん》にも、惜《お》しみなく贈ることのできる幸せの花が、笑顔です。

旭日《きょくじつ》に輝《かがや》く朝顔のような、心豊かな笑顔とともに、希望と幸福のスクラムは広《ひろ》がるのではないでしょうか。

聡明《そうめい》に
この世 生きぬき
勝《か》ちぬきて
自身の宮殿《こころ》に
宝石《ほうせき》 飾《かざ》れや

（2011年8月号）

家計と経済——清々しき人生の軌道を

Road to Happiness

Light of Hope, Songs of Joy

Autumn

第三章

秋

家族《かぞく》の絆《きずな》は永遠《えいえん》——
充実《じゅうじつ》の春秋《しゅんじゅう》を共《とも》に

芒《すすき》が
手招《てまね》きをしている。
神々《こうごう》しい
旭日《きょくじつ》の朝《あさ》も
煌々《きらきら》とした
黄金《おうごん》の夕日《ゆうひ》の時《とき》も
幸福《こうふく》が待《ま》っているよ！
勝利《しょうり》が待っているよ！　と。

地味《じみ》で控《ひか》えめでありながら、なくてはならない存在《そんざい》があります。か細《ぼそ》く弱々《よわよわ》しそうに見《み》えながら、決《けっ》して負《ま》けない命《いのち》があります。気《き》どらず、ありのままの振《ふ》る舞《ま》いでありながら、仲間《なかま》を増《ふ》やしていくスクラムがあります。

そうした芯《しん》の強《つよ》さや賢《かしこ》さ、朗《ほが》らかさをあわせ持っているのが、万葉《まんよう》の昔《むかし》から「秋《あき》の七《なな》草《くさ》」にあげられてきた芒ではないでしょうか。

芒は少《すこ》しも威張《いば》りません。

謙虚《けんきょ》に頭《こうべ》を垂《た》れた姿《すがた》は、敬虔《けいけん》に祈《いの》っているようにも見えます。

俳人《はいじん》の石田波郷《いしだはきょう》は、芒が黄金に輝《かがや》く秋、闘病中《とうびょうちゅう》の自分《じぶん》を案《あん》じる遠《とお》き故郷《ふるさと》の母《はは》を偲《しの》んで、こう詠《よ》みました。

「金《きん》の芒　遙《はる》かなる母の　禱《いの》りをり」※1

わが子の健康《けんこう》と成長《せいちょう》を願《ねが》い、一家《いっか》の幸福と無事《ぶじ》を願い、そして世《よ》の平和《へいわ》と安穏《あんのん》を願う、母のひたぶるな祈りに勝《まさ》る力《ちから》はないでしょう。

この母たちの祈りを真ん中《まなか》において、芒たちのように、どんな風《かぜ》に吹《ふ》かれようとも、仲良《なかよ》き家族《かぞく》と共《とも》に、皆《みな》で励《はげ》まし合《あ》い、支《ささ》え合いながら、負けない人生《じんせい》を生《い》き抜《ぬ》いていきたいものです。

秋草《あきくさ》を
見つめて強く
思《おも》うらむ
生き抜け　勝ち抜け
春夏秋冬《しゅんかしゅうとう》

一年《いちねん》に「春夏秋冬」の移《うつ》ろいがあるように、一生《いっしょう》にも「生老病死《しょうろうびょうし》」という変化《へんか》がありま す。

吹雪《ふぶき》も、嵐《あらし》も、炎暑《えんしょ》も越《こ》えて、草木《そうもく》は、花《はな》や葉《は》を光《ひか》らせ、一年の実《みの》りをもたらします。

人間《にんげん》もまた、生《う》まれて、生きる苦《くる》しみ、老《お》いる苦しみ、病《やまい》の苦しみを乗《の》り越えながら、

著者撮影（宮城）

自分らしく豊《ゆた》かな実りを残《のこ》して死《し》を迎《むか》えゆく、一生の絵巻《えまき》の作者《さくしゃ》です。しかし残念《ざんねん》なことに、ともすると日常《にちじょう》の忙《いそが》しさに流《なが》され、その名誉《めいよ》と責任《せきにん》ある立場《たちば》を自覚《じかく》することができないのが現実《げんじつ》かもしれません。

とくに現代社会《げんだいしゃかい》は、「死を忘《わす》れた文明《ぶんめい》」と評《ひょう》されます。誰人《たれびと》も避《さ》けられない「死」という根本問題《こんぽんもんだい》から目《め》を逸《そ》らしているため、かえって生命《せいめい》を軽《かろ》んずる風潮《ふうちょう》が広《ひろ》がり、「生《せい》」の深《ふか》い意義《いぎ》が見失《みうしな》われているというのです。

示唆《しさ》に富《と》んだアンデルセンの物語《ものがたり》があります。

――ある皇帝《こうてい》が世界一《せかいいち》、豪華《ごうか》な宮殿《きゅうでん》に住《す》んで、威張っていた。ところが病気《びょうき》になり、いざ死を待つばかりになると、それまで従《したが》っていた者《もの》たちも、新《あたら》しい権力者《けんりょくしゃ》のもとへ去《さ》ってしまった。

孤独《こどく》な死に直面《ちょくめん》した皇帝を、不思議《ふしぎ》な顔《かお》が幾《いく》つも見つめる。その顔とは、自分が一生の間《あいだ》にしてきた行《おこな》いであった。つまり、良《よ》い行いは幸福な優《やさ》しい顔で、悪《わる》い行いは恐《おそ》ろしい顔となって「おぼえがあるでしょうね!」と次々《つぎつぎ》と問《と》いかけてきたのである。

やがて自分の過《あやま》ちを悔《く》いた皇帝は、賢《かしこ》い小鳥《ことり》の励ましの声《こえ》で蘇《よみがえ》り、新しい心《こころ》で人生を

やり直《なお》す――という物語です。※2
地位《ちい》でもなければ、富《とみ》でも名声《めいせい》でもない。死を迎えるにあたって問われるのは、人間としてどう生きてきたか。その一点《いってん》であると教《おし》えてくれています。

恐れずに
　厳《げん》と凱歌《がいか》の
　　生命《いのち》かな

私が、アメリカの名門《めいもん》・ハーバード大学《だいがく》から二度目《にどめ》の招《しょう》へいをいただき、「大乗仏教《だいじょうぶっきょう》の生命観《せいめいかん》」をテーマに講演《こうえん》したのは、一九九三年の秋九月のことでした。

仏法《ぶっぽう》では、「生命は永遠《えいえん》である」と説《と》かれます。充実《じゅうじつ》した一日のあと、良き眠《ねむ》りによって明日《あす》への活力《かつりょく》を得《え》るように、充実した一生に続《つづ》く「死」は、次の「生」への希望《きぼう》の出発《しゅっぱつ》です。ゆえに、死は決《けっ》して忌《い》むべきものではありません。

勇敢《ゆうかん》に人々の苦しみを抜《ぬ》き、喜《よろこ》びを与《あた》えゆく価値《かち》ある人生には、「生《せい》も歓喜《かんき》、死も歓喜」

という幸福の境涯《きょうがい》が開《ひら》かれます。この東洋《とうよう》の智慧《ちえ》を、私は西洋《せいよう》の最高峰《さいこうほう》の知性《ちせい》に紹介《しょうかい》しました。今《いま》もって、多《おお》くの方々《かたがた》から、この死生観《しせいかん》に深《ふか》い共鳴《きょうめい》を寄《よ》せていただきます。

「生死《しょうじ》」は、いやまして重大な人類共通《じんるいきょうつう》の課題《かだい》です。

希望の人生
希望の家庭《かてい》
希望の王者《おうじゃ》

アメリカの詩人《しじん》エミリ・ディキンソンは「永遠は『今』が集《あつ》まって出来《でき》たもの」※3と詠《うた》いました。

まさに、「今」というこの時を真剣《しんけん》に生《い》き切《き》ることが、「永遠」につながります。

私が創立《そうりつ》したアメリカ創価《そうか》大学を立派《りっぱ》に卒業《そつぎょう》して、故郷の東北《とうほく》に戻《もど》り、国際交流《こくさいこうりゅう》の仕《し》事《こと》をしていた乙女《おとめ》がいます。勤務中《きんむちゅう》に東日本大震災《ひがしにほんだいしんさい》に遭《あ》った彼女《かのじょ》は、大津波《おおつなみ》に襲《おそ》われた実家《じっか》の母の無事《ぶじ》を、やっとの思いで確認《かくにん》できました。

母を気づかい、「お母《かあ》さんのそばにいるからね」と告げ《つ》ると、長年《ながねん》、地域貢献《ちいきこうけん》に取《と》り組《く》んできた母は、温《あたた》かい笑顔《えがお》と力強《ちからづよ》い声で言《い》ってくれました。

「あなたにしか助《たす》けられない被災者《ひさいしゃ》がいる。あなたの力を必要としている人がたくさんいる。だから、仕事に行《い》っておいで！」。その母の心を携《たずさ》えて、乙女は、被災地で苦労《くろう》する外国人《がいこくじん》の支援《しえん》へと舞《ま》い戻《もど》っていったというのです。

家族の絆は、人間を強くし、正《ただ》しくしてくれる。それは、どんな試練《しれん》も耐《た》え抜《ぬ》いて、夢《ゆめ》や理想《りそう》を実現《じつげん》しゆく勇気《ゆうき》を贈《おく》ってくれる心の大地《だいち》といえるでしょう。

安《やす》らかに
　また生き生きと
　　今日《きょう》もまた
　悲《かな》しみ乗り越え
　　全部《ぜんぶ》 勝ち取れ

冷戦終結《れいせんしゅうけつ》の立役者《たてやくしゃ》であるゴルバチョフ元《もと》ソ連大統領《れんだいとうりょう》と、私は幾《いく》たびも出会《であ》いを重《かさ》ね、家族ぐるみで交友《こうゆう》を続けてきました。

元大統領を支《ささ》えてこられた、亡《な》きライサ夫人《ふじん》が、生前《せいぜん》、関西《かんさい》の創価学園生《がくえんせい》たちに呼《よ》びかけてくれた言葉《ことば》があります。

「人生には、さまざまな痛手《いたで》を受《う》けることがあります。しかし『達成《たっせい》できる何《なに》か』はあります！　何か『実現できる夢』は必《かなら》ずあるのです！　だから、最後《さいご》に勝利する人とは、たとえ転《ころ》んでも、立《た》ち上《あ》がり、再《ふたた》び前《まえ》に進《すす》む人です」

そのライサ夫人が白血病《はっけつびょう》で逝去《せいきょ》されたあと、ゴルバチョフ氏《し》と東京で再会《さいかい》した席《せき》には、聡明《そうめい》な一人娘《ひとりむすめ》のイリーナさんもおられました。

仏法の眼《まなこ》から見れば、気高《けだか》き使命《しめい》に共に生き、崩《くず》れぬ愛情《あいじょう》で結《むす》ばれた家族は、いつまでも一緒《いっしょ》に生命の旅《たび》を続けることができると示《しめ》されています。

私は、こうした生命観を伝《つた》えながら、「お母さまは永遠に生きています。私たちの心にお元気《げんき》な姿でいます」と申《もう》し上《あ》げました。また、「お母さまのために！　勇気を持って、すべてを乗り越えてください」と語《かた》ると、イリーナさんは、母上にそっくりな瞳《ひとみ》を輝かせて、笑顔で頷《うなず》いてくれました。ゴルバチョフ氏の柔和《にゅうわ》な父《ちち》のまなざしも光《ひか》っていました。

わが家《や》も、あの戦争《せんそう》で長兄《ちょうけい》を失《うしな》いました。戦後《せんご》二年も待《ま》ち続けた末《すえ》に、戦死《せんし》を告げられた父母《ちちはは》の嘆《なげ》きは痛切《つうせつ》でした。

十九歳《さい》の私は、敬愛《けいあい》する兄《あに》の死を無駄《むだ》にしてはならぬと心に定《さだ》め、恩師《おんし》・戸田城聖《とだじょうせい》先生《せんせい》のもと、平和の民衆運動《みんしゅううんどう》に身《み》を投《とう》じたのです。

どの家にも、愛する家族との別《わか》れがあります。癒《いや》しがたい思いに沈《しず》む時もあるでしょう。しかし、いつまでも悲しんでいれば、故人《こじん》までが悲しみます。

どんな別れになろうとも、命《いのち》はつながっています。いかなる死にも、どのような命の歴史《れきし》にも、あとに続く人間は、無窮《むきゅう》の意義を贈ることができます。

秋風《あきかぜ》に芒《すすき》が舞《ま》う九月には、彼岸《ひがん》を迎《むか》えます。

故人の分《ぶん》まで自分が生き抜くことを決意《けつい》する。

故人の志《こころざし》を受《う》け継《つ》いで果《は》たしていく――。

大事《だいじ》なことは、遺《のこ》された家族が有意義《ゆういぎ》な幸福の人生を飾《かざ》ることでしょう。〝悲しみの遺族《いぞく》〟から〝希望の後継者《こうけいしゃ》〟へと、一歩《いっぽ》、踏《ふ》み出《だ》して、より勝《か》ち栄《さか》えていくことではないでしょうか。

未来《みらい》を見つめた一家《いっか》の前進《ぜんしん》の姿こそ、生死を超《こ》えて故人にも通《つう》じ、最高《さいこう》の供養《くよう》になると私は信《しん》じます。

芒の手招《てまね》きは
幸運《こううん》の手招きであろう。
短気《たんき》になるな!
何かの役《やく》を
君《きみ》もし給《たま》え! と。

大阪・交野の関西創価学園を散策する創立者夫妻（1973年）

芒の名前《なまえ》は、一説《いっせつ》に「すくすくと生い立《おた》つ」という意義から付《つ》けられたといいます。今日も、すっきりと立って希望の手招きをしながら、多くの仲間と共に、「充実の一日、万歳《ばんざい》！」と叫《さけ》びゆく歴史を残《のこ》したいものです。

（2011年9月号）

家族の絆は永遠――充実の春秋を共に

III

信《しん》じ抜《ぬ》く強《つよ》さ——
思春期《ししゅんき》の子《こ》と一緒《いっしょ》に成長《せいちょう》を

爛漫《らんまん》と
勝利《しょうり》の花《はな》の
にぎやかさ
朝日《あさひ》に光《ひか》り
秋風《あきかぜ》 楽《たの》しく

「秋桜《あきざくら》」と書《か》くコスモスは、猛暑《もうしょ》も嵐《あらし》も越《こ》えて、じっと力《ちから》を蓄《たくわ》えます。そして秋の訪《おとず》れともに、コスモス（宇宙《うちゅう》）という誇《ほこ》り高《たか》い名前《なまえ》にふさわしい花を咲《さ》かせていきます。

秋の野《の》を彩《いろど》る花々は、その一年《いちねん》を懸命《けんめい》に生《い》き抜《ぬ》いてきた命《いのち》の勝利の証《あか》しと、私には見《み》えます。

それぞれに健気《けなげ》であり、美《うつく》しい。他《ほか》と比《くら》べる必要《ひつよう》など、まったく、ありません。

松尾芭蕉《まつおばしょう》は「草《くさ》いろ〳〵《いろ》　おの〳〵《おの》花の　手柄《てがら》かな」※1と詠《よ》みました。味《あじ》わい深《ぶか》い、秋の一句《いっく》です。

早咲《はやざ》きの花もあれば、遅咲《おそざ》きの花もある。羨《うらや》むこともなければ、焦《あせ》ることもない。たとえ、ゆっくりでも、咲くべき時《とき》に、自分《じぶん》らしく思《おも》う存分《ぞんぶん》、咲き切《き》っていけば、それが勝利の花です。その命の〝手柄〟です。

人《ひと》も同《おな》じです。どの子にも、おのおのに「花の手柄」を立《た》てる力があります。それを伸《の》び伸びと発揮《はっき》できるよう、信《しん》じ、見守《みまも》り、支《ささ》えていくことが、私たち大人《おとな》の使命《しめい》であり、責任《せきにん》ではないでしょうか。

母子《ははこ》して
栄光《えいこう》の道《みち》
嵐越え

子どもにとって、母とは、自《みずか》らの生命《せいめい》を誕生《たんじょう》させてくれ、どんな時も守り、包《つつ》んでくれる、「コスモス（宇宙）」にも等《ひと》しい存在《そんざい》です。

『動物記《どうぶつき》』の作者《さくしゃ》として知《し》られる博物学者《はくぶつがくしゃ》シートンも、いつも太陽《たいよう》のような笑顔《えがお》で明《あか》るく照《て》らしてくれた母を、人生《じんせい》の原点《げんてん》としました。

シートンのお母《かあ》さんは、大《おお》きな災難《さいなん》に直面《ちょくめん》した夫《おっと》を支えながら、十四人もの子を、愛《あい》情《じょう》を込《こ》めて育《そだ》てたのです。

「母は決《けっ》して不平《ふへい》をいわず、ぐちもこぼさず、いつでも明るく、へこたれることがなかった」

「母は、いつも笑顔と巧《たく》みな冗談《じょうだん》で家《いえ》じゅうのものの気《き》の持《も》ちかたに明るさを取《と》り戻《もど》させるのだった」※2――平凡《へいぼん》にして偉大《いだい》な母でした。

シートンは、青春時代《せいしゅんじだい》、留学先《りゅうがくさき》での貧《まず》しい生活の中で猛勉強《もうべんきょう》を重《かさ》ねましたが、すっかり体調《たいちょう》を崩《くず》してしまい、失意《しつい》のうちに故郷《ふるさと》に戻ったことがあります。

「わたしはからだをこわし、富《とみ》も名声《めいせい》もなく家へ帰《かえ》ってきた」「敗残者《はいざんしゃ》がこそこそと帰るような感《かん》じだった」※3と、シートンは回想《かいそう》しています。

ところが、家にたどり着《つ》いて、母に会《あ》うと、すべては一変《いっぺん》します。待《ま》ちわびた母が「愛とよろこびをもって」※4迎《むか》え入《い》れ、聡明《そうめい》に誉《ほ》め称《たた》えてくれたからです。

この母ありて、またこの母の真心《まごころ》に応《こた》えんと、シートン青年《せいねん》は再《ふたた》び立ち上がりました。

「生きる喜《よろこ》びを求《もと》めよ」※5を信条《しんじょう》とし、最《もっと》も苦《くる》しい時にこそ、根性《こんじょう》の力を奮《ふる》い起《お》こして、人生の勝利の記録《きろく》を一《ひと》つ一つ打《う》ち立てていったのです。

残念《ざんねん》ながら、時代はますます息苦《いきぐる》しく窮屈《きゅうくつ》になっている感《かん》があります。一度《いちど》や二度の失敗《しっぱい》で若《わか》い芽《め》が押《お》しつぶされるようなことがあっては絶対《ぜったい》になりません。だからこそ、いかなる時も、子どもを大らかに受《う》け止《と》める母たちの愛情が、いやまして大事《だいじ》になるでありましょう。

楽しい一生《いっしょう》を
親子《おやこ》でおくりゆくために
その永久《えいきゅう》の土台《どだい》を
今日《きょう》もつくることだ

いわゆる、「思春期」と呼《よ》ばれる十代頃《じゅうだいごろ》の年代《ねんだい》は、人生にあって、最も目覚《めざ》ましい成長と変化《へんか》の時です。身体《しんたい》もぐんぐん大きくなり、知性《ちせい》や人格《じんかく》においても、いよいよ一個《いっこ》の人間《にんげん》として自立《じりつ》していくため、不安《ふあん》や悩《なや》みと戦《たたか》う段階《だんかい》に入《はい》ります。

そうした葛藤《かっとう》からか、激《はげ》しい言葉《ことば》で親に反発《はんぱつ》することもあるでしょう。不登校《ふとうこう》、いじめ、ひきこもりなどを経験《けいけん》する場合《ばあい》もある。

しかも現代社会《げんだいしゃかい》は、インターネットが急速《きゅうそく》に発達《はったつ》し、役立《やくだ》つものから有害《ゆうがい》なものまで、子どもたちは膨大《ぼうだい》な情報《じょうほう》に晒《さら》されています。人権《じんけん》を蹂躙《じゅうりん》し、人間の尊厳《そんげん》を踏《ふ》みにじる悪《あっ》口罵詈《くめり》も渦巻《うずま》いている。顔《かお》も本名《ほんみょう》も知《し》らない他人《たにん》と簡単《かんたん》に連絡《れんらく》が取《と》れてしまう。多感《たかん》な子どもを育てる親たちには、不安な悪縁《あくえん》が多《おお》すぎる世《よ》の中《なか》です。

一面に群れ咲くコスモス・著者撮影(兵庫)

子どもたちは、大人も驚《おどろ》くような知識《ちしき》を持《も》っていたり、理屈《りくつ》っぽくなったり、親や社会に対《たい》する批判的《ひはんてき》な眼《め》も鋭《するど》くなってきます。

「昔《むかし》は、あんなに素直《すなお》でかわいい子だったのに……」とお母さんは落ち込《お こ》み、働《はたら》き盛《ざか》りの夫は仕事《しごと》のことに精一杯《せいいっぱい》で、頼《たよ》りにならない面《めん》もあるかもしれません。

しかし、多くの子どもたちを薫育《くんいく》してこられた熟練《じゅくれん》の先生方《せんせいがた》が指摘《してき》される通《とお》り、思春期の反抗《はんこう》の意味《いみ》は、高まりゆく生命のエネルギーをぶつけ、親の愛情を体当《たいあ》たりで試《ため》している側面《そくめん》があります。また、大人たちの価値観《かちかん》を問《と》い直《なお》しながら、自らの一生の基盤《きばん》となる価値観を必死《ひっし》で模索《もさく》し、築《きず》き上げていく過程《かてい》でもあります。

母も子も
この世 明るく
強《つよ》くあれ

思春期とは、人生の四季《しき》にあって、決して避《さ》けられない、その上、深い意味のある季《き》節《せつ》です。ですから、親にとっても、自分の生き方を見つめ直し、子どもと一緒に成長できる転機《てんき》であり、新《あら》たに皆《みな》で家族《かぞく》の絆《きずな》を強くする好機《こうき》である。そう心を決めて、臨《のぞ》んでいくべきではないでしょうか。

何より大切《たいせつ》なのは、表面《ひょうめん》の姿《すがた》に一喜一憂《いっきいちゆう》せず、どこまでも、わが子を信じ抜く「強さ」でしょう。つまずいて転《ころ》んだり、回《まわ》り道をしたりするようなことがあっても、子ども自《じ》身《しん》は、また起き上がって、前《まえ》へ踏《ふ》み出《だ》していく力を持っています。どんな時でも、母は「信じているよ」と言い切ってあげることが、子どもの揺《ゆ》るぎない支えになります。

幼児《ようじ》から小学生《しょうがくせい》頃までが「教《おし》える子育て」とすれば、思春期は「見守る子育て」ともいえます。さらに、わが子と「向《む》き合《あ》う子育て」から、子どもの心に「寄《よ》り添《そ》う子育て」へ深まっていく時です。

適切《てきせつ》に助言《じょげん》はしても、命令《めいれい》や指示《しじ》ではなく、本人《ほんにん》に決めさせてあげる配慮《はいりょ》も求められます。

ただ、むやみに子どもを扱《あつか》いすべきではありませんが、登校や帰宅《きたく》の時には明るく声《こえ》をかけたり、母がいない時は置《お》き手紙《てがみ》をしたり、常に心にかけて「子は宝《たから》」と思っていることを伝《つた》えていくことでしょう。そして、いざという時は、絶対の味方《みかた》になることです。現在《げんざい》、私が対談《たいだん》を進《すす》める、名門《めいもん》ラビンドラ・バラティ大学《だいがく》の副総長《ふくそうちょう》も務《つと》められた、インドの「教育《きょういく》の母」ムカジー博士も振《ふ》り返《かえ》っておられました。「私が個人的《こじんてき》な悩みを抱《かか》えていると、母はいつも味方になってくれました」と。

一日一日《いちにち》を大切に！

一日一日を朗《ほが》らかに！

一日一日を自分らしく！

調査《ちょうさ》によれば、思春期の子どもたちは、不安や抑《よく》うつ感が高く、自己肯定感《じここうていかん》が低《ひく》い。※6日本《にほん》は、アメリカ、スウェーデン、中国《ちゅうごく》といった国々の中で、子どもたちが最も自信《じしん》がないという結果《けっか》もあります。※7

子どもの良《よ》いところを見つけ、大いに誉《ほ》める。他人と比べるのではなく、その子の努《ど》力《りょく》していることを認《みと》めていくことを心がけたいものです。

ジャンケン、ポン！　その笑顔の先に、学園生たちの歓声が弾けた。第2回健康祭（体育祭）の前夜祭での１コマ（1983年9月、大阪・関西創価学園）

脚光《きゃっこう》を浴《あ》びることが偉《えら》いのではない。地味《じみ》であっても、苦労《くろう》を積《つ》み重《かさ》ねて何かをやり遂《と》げる。どんな小《ちい》さなことでもよい。人のためになることをする。その喜びと誇りを持たせてあげたい。それは、親自身の生き方と一体《いったい》の挑戦《ちょうせん》です。

素晴《すば》らしき
親子で歩《あゆ》めや
幸福道《こうふくどう》

私の妻《つま》がよく知る東京《とうきょう》・北区《きたく》の婦人《ふじん》は、二人《ふたり》のお嬢《じょう》さんの拒食症《きょしょくしょう》を克服《こくふく》してきました。長女《ちょうじょ》が中学《ちゅうがく》三年の時、いつの間《ま》にか、骨《ほね》と皮《かわ》だけのような体《からだ》になっていることに驚きました。涙《なみだ》ながらに訴《うった》えても食事《しょくじ》をしません。

不安は募《つの》りました。しかし、「娘《むすめ》さんのような頑張《がんば》りやさんは見たことがありません」との保健室《ほけんしつ》の先生の言葉にハッとしました。一番《いちばん》苦しんでいるのは娘なんだ。そんな健気《けなげ》なあの子を抱《だ》きしめてあげたい——と。その母の心の変化を境《さかい》に、徐々《じょじょ》に回復《かいふく》していったといいます。

五歳違《ごさいちが》いの次女《じじょ》も、中学二年で拒食症になり、高校一年の時には命にも及《およ》ぶほど衰《すい》弱《じゃく》してしまいました。同じ頃、母自身も大病《たいびょう》を患《わずら》いました。母娘《ははこ》が互《たが》いに気づかう中で、心の交流《こうりゅう》が深まっていきます。

母は「二人の娘は命を削《けず》ってまで、私を人間革命《にんげんかくめい》させてくれているのだ」と心の底《そこ》から実感《じっかん》し、感謝《かんしゃ》を込めてお嬢さんたちと一緒に、病魔《びょうま》に立ち向かったのです。地域のリーダーとしての使命も、一歩《いっぽ》も退《ひ》かずに果《は》たしていった。多くの友と励《はげ》まし合いながら、「絶対に乗り越えられないことはない」と勇気《ゆうき》を湧《わ》き立たせていきました。

今《いま》、長女はオックスフォード大学の大学院で研究《けんきゅう》を進め、次女は保育士《ほいくし》として活躍《かつやく》し、家族みなで、同じような苦しみを抱《かか》えた人のために尽《つ》くしています。

大人が一センチ変われば、子どもは一メートル変わるともいわれます。何があっても恐《おそ》れず、わが子を思い、信じ抜く母の心には、どんな苦難《くなん》も希望《きぼう》に変えゆく妙《たえ》なる力があります。

家族して
歴史《れきし》の人生
勝《か》ち飾《かざ》れ

コスモスの花は凛《りん》と咲き誇りながら、次の開花《かいか》に備《そな》えます。今年《ことし》も勝ち、来年《らいねん》も勝つために！

コスモスをこよなく愛する東北《とうほく》の母たちも、復興《ふっこう》へ向かって勇気の種《たね》を蒔《ま》いておられます。

その母の心を受《う》け継《つ》いで、子どもたちが勝利の花また花を爛漫《らんまん》と咲かせゆくことを、祈《いの》る日々《ひび》です。

（2011年10月号）

夫婦《ふうふ》の歩《あゆ》み――
無二《むに》の伴侶《はんりょ》と前進《ぜんしん》！

美《うつく》しき
白菊《しらぎく》みつめて
思《おも》うらむ
夫婦《めおと》のこころ
いざや光《ひか》れと

ある秋《あき》、美事《みごと》な菊花《きっか》を届《とど》けてくださった友人夫妻《ゆうじんふさい》に、感謝《かんしゃ》を託《たく》して、お贈《おく》りした和歌《わか》です。

「菊作《きくづく》り」は、丹精込《たんせいこ》めた労作業《ろうさぎょう》の結晶《けっしょう》です。土《つち》作り、適切《てきせつ》な日当《ひあ》たりや通気《つうき》、水《みず》やりや肥料《ひりょう》など、地道《じみち》で絶《た》え間《ま》ない配慮《はいりょ》が欠《か》かせません。

「菊は一手《いって》かければ一《いち》に咲《さ》き、千手《せんて》かければ千に咲き、万手《まんて》かければ万に咲く花《はな》だ」※1とは、園芸《えんげい》の達人《たつじん》の味《あじ》わい深《ぶか》い言葉《ことば》です。

心《こころ》を尽《つ》くし、手間《てま》を惜《お》しまず、労苦《ろうく》を重《かさ》ねた分《ぶん》だけ、菊の命《いのち》も応《こた》えて、咲き薫《かお》ってくれる。

見《み》えないところでの努力《どりょく》の積《つ》み重ねがあればこそ、皆《みな》に喜《よろこ》びを贈る勝利《しょうり》の開花《かいか》がある――。

夫婦となって、この人生《じんせい》を一緒《いっしょ》に生《い》きる共同《きょうどう》作業も、「菊作り」と相通《あいつう》ずるかもしれません。

それは、苦楽《くらく》を分《わ》かち合《あ》い、幾多《いくた》の風雪《ふうせつ》を乗《の》り越《こ》え、わが家《や》から地域《ちいき》へ社会《しゃかい》へ、幸福《こうふく》の大輪《たいりん》を咲き光らせゆく共戦《きょうせん》でもあります。

菊作り
喜ぶ人《ひと》みて
陰《かげ》で泣《な》く

菊花を愛《め》でても、それを育《はぐく》んだ苦労《くろう》まで讃《たた》える人は、少《すく》ない。

文豪《ぶんごう》・吉川英治《よしかわえいじ》氏《し》が詠《えい》じたごとく、「菊作り 咲きそろふ日は 陰の人※2」なのです。

たとえ喝采《かっさい》がなくとも、成《な》すべき使命《しめい》を成し遂《と》げた誇《ほこ》りは、何《なに》ものにも代《か》え難《がた》いものがあります。

そして、その人知《し》れぬ陰の戦《たたか》いを、誰《だれ》が誉《ほ》めてくれなくとも、一番《いちばん》深く知り、そっと労《ねぎら》い、笑顔《えがお》で賞讃《しょうさん》し合っていける――これが、人生のパートナーである「夫婦」といってよいでしょう。

もとより、結婚《けっこん》イコール幸福ではありません。

以前《いぜん》、ある乙女《おとめ》から「将来《しょうらい》、結婚をして、幸福な家庭《かてい》を築《きず》く上《うえ》で心がけるべきことは、何でしょうか？」と質問《しつもん》されたことがあります。

著者撮影（山梨）

私に代わり、妻《つま》が微笑《ほほえ》みながら答《こた》えてくれました。

「結婚するしないではなく、あなた自身《じしん》が真《しん》の幸福の境涯《きょうがい》をつかむことが、人生の目的《もくてき》です。〝毎日《まいにち》、本当《ほんとう》に生きがいのある人生〟ということが、最大《さいだい》の幸福ではないでしょうか。結婚したならば、夫婦ともどもに正《ただ》しい信念《しんねん》を持って、人のため、社会のために尽くしていくことができる。そういう充実《じゅうじつ》した人生を歩むために、青春時代《せいしゅんじだい》の今《いま》は、幸福の土台《どだい》を築いてくださいね」

幸福は、誰かに作ってもらうものではない。自分《じぶん》自身の心で作り出していくものです。幸福は、何かのゴールの先《さき》にあるものではない。自分自身の生き方《いかた》についてくるものです。

いついつも
夫婦の前途《ぜんと》に
虹《にじ》かかれ

結婚は「ゴールイン」と表現《ひょうげん》されることがあります。

しかし、人生の目標《もくひょう》へ向《む》かって出発《しゅっぱつ》していく「スタートライン」といった方《ほう》がふさわしいでしょう。

『星《ほし》の王子《おうじ》さま』の作者《さくしゃ》である、フランスのサン＝テグジュペリは語《かた》っています。

「愛《あい》するということは、おたがいに顔《かお》を見あうことではなくて、いっしょに同《おな》じ方向《ほうこう》を見ること」※3
夫婦も、確かに、互《たが》いに見つめ合っているだけでは、やがて息《いき》が詰《つ》まってしまう。

仏典《ぶってん》には、夫婦は「太陽《たいよう》と月《つき》のように、両方《りょうほう》の目《め》のように、二《ふた》つの翼《つばさ》のように、二人《ふたり》が力《ちから》を合わせていきなさい」※4と示《しめ》されています。

大事《だいじ》なことは、二人で聡明《そうめい》に前《まえ》を見つめることです。励《はげ》まし合い、支《ささ》え合いながら、理想《りそう》を目指《めざ》して、前へ進《すす》んでいくことです。

その前進があればこそ、それぞれの人間《にんげん》としての向上《こうじょう》の光が生《う》まれる。そこに、人生の同志《どうし》の信頼《しんらい》と敬愛《けいあい》も、より強《つよ》まっていきます。

古代《こだい》ギリシャの大詩人《だいしじん》ホメロスの一節《いっせつ》には、「一家内《いっかない》で夫《おっと》と妻とが一つ心で一家を営《いとな》むほど力強いものも、気高《けだか》いものもない」※5とありました。

いにしえより、「一つ心」で結《むす》ばれた夫婦の絆《きずな》は、幸福な家庭を築き、有意義《ゆういぎ》な人生を送《おく》り、社会へ貢献《こうけん》しゆく力となってきました。

時にはケンカをすることもある。感情《かんじょう》のすれ違《ちが》いもあるでしょう。もともとが赤《あか》の他《た》人《にん》どうしなのですから、当然《とうぜん》といえば当然のことです。

だからこそ、若《わか》いカップルの門出《かどで》に、「理解《りかい》」と「忍耐《にんたい》」を忘《わす》れずにと、私は餞《はなむけ》の言葉を贈ってきました。

「平和《へいわ》の文化《ぶんか》」をテーマに対談《たいだん》を重ねてきた、チョウドリ博士（元国連事務次長《もとこくれんじむじちょう》）も、愛《あい》妻《さい》マリアム夫人《ふじん》との来《こ》し方《かた》を振《ふ》り返《かえ》りながら、しみじみと述懐《じゅっかい》されていました。

「私は常々《つねづね》、『夫婦とは一つのチームである』と考《かんが》えてきました。そして、その息《いき》の合ったチームワークは、二人の行動《こうどう》や活動《かつどう》のすべてに反映《はんえい》されるはずです」

「こうした相互性《そうごせい》から尊敬《そんけい》と感謝の念《ねん》が生まれ、また過大《かだい》な期待《きたい》を回避《かいひ》することができるのです」※6

人間ですから、ミスもある。調子《ちょうし》の悪《わる》い時もある。そんな時にこそ、お互《たが》いに助《たす》け合

香峯子夫人の言葉に耳を傾ける著者（1999年3月、東京）

い、補《おぎな》い合い、守《まも》り合っていく――わが家らしいチームワークで、どんなピンチもチャンスへと変《か》えながら、勝《か》ち進んでいきたいものです。

スポーツを見ると、強いチームに共通《きょうつう》しているのは、互いによく声《こえ》を掛《か》け合《あ》っているということです。夫婦という幸福勝利を目指すチームにあっても、エールの掛け合いが大事でしょう。

ある調査《ちょうさ》によれば、夫婦円満《えんまん》のために最《もっと》も大切《たいせつ》なことは、「話《はなし》をする・聞《き》く」ことでした。男女《だんじょ》ともに、半数以上《はんすういじょう》の方がそう回答《かいとう》したといいます。※7

近年《きんねん》、日本《にほん》では、十一月二十二日が「いい夫婦の日」として定着《ていちゃく》してきたそうです。お金《かね》をかけなくとも、一番喜んでもらえるプレゼントがあります。それは、真心《まごころ》の感謝や気遣《きづか》いの言葉であり、心温《あたた》まる語らいではないでしょうか。

大阪《おおさか》の泉州《せんしゅう》で、長年《ながねん》、地域の名物《めいぶつ》として親《した》しまれる「菊作り」に励んでこられた友人が、教《おし》えてくれたことがあります。――育《そだ》てる人が、「菊」の〝声〟を「聴《き》く」ことを心がけると、菊もそれを感《かん》じとって、美しく育ってくれるようです、と。

聴くこと――心を澄《す》ませて、耳を傾《かたむ》けることは、相手《あいて》の生命《せいめい》への最も深い敬意《けいい》であり、共《とも》に学《まな》び、高《たか》め合う「開《ひら》かれた心」の共鳴《きょうめい》でしょう。

辛《つら》くとも
また労苦《つらく》とも
夫婦して
希望の太陽
昇《のぼ》るを忘るな

菊の花が嘆賞《たんしょう》されるのは、他《ほか》の花々が枯《か》れ散《ち》る風霜《ふうそう》の中にも、凜《りん》と咲き誇る強さがあるからです。夫婦の絆《きずな》も、試練《しれん》の時にこそ光るものでしょう。

私が少年誌《しょうねんし》の若き編集長《へんしゅうちょう》の時代、岩手県出身《いわてけんしゅっしん》の大作家《だいさっか》・野村胡堂《のむらこどう》先生にお世話《せわ》になりました。原稿《げんこう》を頂《いただ》きにお宅《たく》にも伺《うかが》ったこともあります。「銭形平次《ぜにがたへいじ》」で一世《いっせい》を風靡《ふうび》した野村先生は、苦境《くきょう》に負《ま》けない賢明《けんめい》なハナ夫人に支えられました。

ハナさんは、結婚を約束《やくそく》していた野村青年《せいねん》の実家《じっか》の破産《はさん》を知った時、快活《かいかつ》に語ったといいます。

「親《おや》から財産《ざいさん》を与《あた》えられて出発するのもいいことでしょうね。二人が心を合わせて、一つ一つ、築いていく。これもすばらしいと思いませんか？」※8

さらに新聞記者《しんぶんきしゃ》の野村青年が仕事《しごと》で大失敗《だいしっぱい》し、失意《しつい》のどん底《ぞこ》に沈《しず》んだ時にも、ハナ夫人は家庭で励ましたのです。

「あなたの苦労はあたしの苦労です」「ここはあなたの憩《いこ》いの場《ば》なのよ」※9と。

野村先生は立《た》ち上《あ》がりました。幾多《いくた》の苦労も、のちに人情豊《にんじょうゆた》かな物語《ものがたり》となって花開きました。

仏典では、「や《箭》のはしる事《こと》は弓《ゆみ》のちから……をとこ《夫》のしわざはめ《婦》のちからなり」※10と説《と》かれます。

矢《や》が飛《と》んでいくのは弓の力による。同じように、夫の行《おこな》いは妻の力による、という意《い》味《み》です。これは、〝夫が主《しゅ》で妻が従《じゅう》〟という前時代的《ぜんじだいてき》な位置《いち》づけの大転換《だいてんかん》です。主体《しゅたい》は、あくまでも妻です。ピンチにあっては夫の眠《ねむ》れる力を引《ひ》き出し、生き生きと蘇《よみがえ》らせずにはおかない、偉大《いだい》な妻たちの賢《かしこ》さへの讃歌《さんか》といってもよいでしょう。

築き征《ゆ》け 夫婦の力で 幸福城《こうふくじょう》

福岡県《ふくおかけん》の筑豊《ちくほう》に、炭鉱《たんこう》が閉山《へいざん》して活気《かっき》を失《うしな》った郷土《きょうど》を元気《げんき》にしたいと、半世紀《はんせいき》前から
ボランティアの音楽事業《おんがくじぎょう》を続《つづ》けてこられた、ご夫妻がいます。草《くさ》の根《ね》の仲間《なかま》を一人また
一人と増《ふ》やしながら、公園《こうえん》や商店街《しょうてんがい》でコンサートを重ね、やがて交響楽団《こうきょうがくだん》を結成《けっせい》する
までに至《いた》りました。

愛娘《まなむすめ》の病気《びょうき》やケガ、夫人の交通事故《こうつうじこ》、店舗兼自宅《てんぽけんじたく》の火災《かさい》など、次々《つぎつぎ》と襲《おそ》う困難《こんなん》にも、
家族《かぞく》の団結《だんけつ》で立ち向かいました。夫妻の愛情《あいじょう》に包《つつ》まれ、娘さんたちも音楽家として活躍《かつやく》
しています。今、お隣《となり》の中国《ちゅうごく》との音楽交流《こうりゅう》も有意義に進めておられます。

夫人は毅然《きぜん》と語っています。

「私にはやるべきことがあるとの使命感に立った時、すべて乗り越えてくることができ
ました。常に〝何のため〟という問《と》いかけを忘れずに価値《かち》ある人生を生きようと決意《けつい》す

ると、勇気《ゆうき》と希望が湧《わ》いてくるのです」

いかなる縁《えにし》か、喜びも悲《かな》しみも分かち合い、十年、二十年、さらには五十年、六十年と、二人で使命を果《は》たしながら、いやまして深まっていく愛情こそが、真実《しんじつ》の夫婦愛といえましょう。

互《たが》いの健闘《けんとう》を讃《たた》え、尽きせぬ「ありがとう」の思いを込《こ》めて、大勲位《だいくんい》よりも尊貴《そんき》な心の菊花を、無二の伴侶《はんりょ》の胸《むね》につけて差《さ》し上げるような、人生の充実の秋を朗《ほが》らかに飾《かざ》っていきたいものです。

美しく
花壇《かだん》のごとき
夫婦なば
この世《よ》 楽《たの》しく
勝ちて握手《あくしゅ》を

（2011年11月号）

Road to Happiness

Light of Hope, Songs of Joy

Winter

第四章
冬

人生《じんせい》の総仕上《そうしあ》げ——わが家《や》に光《ひか》る黄金《おうごん》の時《とき》を

水仙《すいせん》の
香《かお》りを　眺《なが》めて
わが娘《こ》らの
幸《さち》ある姿《すがた》
たしかに　うつらむ

一輪《いちりん》の花《はな》にも、その場《ば》の空気《くうき》を一変《いっぺん》させる力《ちから》があります。名優《めいゆう》のように、わが生命《せいめい》を

凛《りん》と輝《かがや》かせ、自《みずか》らが立《た》つ舞台《ぶたい》を照《て》らしていくからです。

「雪中花《せっちゅうか》」と呼《よ》ばれる「スイセン」は、冷《つめ》たい風雪《ふうせつ》に胸《むね》を張《は》りながら、冬枯《ふゆが》れの中で、可《か》憐《れん》にして勇敢《ゆうかん》に黄金の光を放《はな》ちます。

水辺《みずべ》に咲《さ》く姿が仙人《せんにん》のように気高《けだか》いことから、中国《ちゅうごく》で「水仙」の名《な》が贈《おく》られたといいます。

江戸時代《えどじだい》、北陸《ほくりく》が生《う》んだ有名《ゆうめい》な俳人《はいじん》・加賀千代《かがのちよ》は、「水《すい》せんや　誠《まこと》の花は　垢《あか》つかず」※1と詠《うた》いました。

強《つよ》く誠実《せいじつ》な生命は、何《なに》ものにも汚《けが》されません。命《いのち》ある限《かぎ》り、清《きよ》らかな光彩《こうさい》を発《はっ》し続《つづ》けます。

この千代自身《じしん》も、結婚一年半《けっこんいちねんはん》で夫《おっと》に先立《さきだ》たれ、頼《たよ》るべき家族《かぞく》も相次《あいつ》いで失《うしな》いました。

しかし、深《ふか》い悲哀《ひあい》を乗《の》り越《こ》え、皆《みな》の分《ぶん》までもと長寿《ちょうじゅ》の人生を生《い》き、全国《ぜんこく》に友情《ゆうじょう》を広《ひろ》げながら、わが使命《しめい》とする俳諧《はいかい》の道《みち》を精進《しょうじん》し抜《ぬ》いたのです。

長寿であることは、それだけ多《おお》くの別《わか》れを経験《けいけん》しなければなりません。けれども、それだけまた、多くの出会《であ》いを重《かさ》ねて、縁《えん》を結《むす》んだ人々《ひとびと》の心《こころ》に、消《き》えることのない光を灯《とも》していけるのです。

素晴《すば》らしき
母《はは》に幸あれ
長寿あれ
今日《きょう》も祈《いの》らむ
妻《つま》と祈らむ

日本《にほん》は、世界《せかい》をリードする長寿国です。二〇一〇年、日本の女性の平均寿命《へいきんじゅみょう》は八六・三九歳《さい》で、二十六年連続《れんぞく》の世界一となりました。

「高齢社会《こうれいしゃかい》」を「幸齢社会《こうれい》」としゅく主役《しゅやく》が、女性であることは間違《まちが》いありません。

「老《お》い」は、誰人《たれびと》にも必《かなら》ず訪《おとず》れます。

医学的《いがくてき》に見《み》れば、体《からだ》の老化《ろうか》とは、二十五歳頃《ごろ》から始《はじ》まって、長《なが》い歳月《さいげつ》をかけて進《すす》んでいくものだといいます。目《め》が見えにくい、足腰《あしこし》が痛《いた》む等々《とうとう》、大《だい》なり小《しょう》なり、加齢《かれい》に伴《ともな》う

著者撮影(東京)

身体《しんたい》の衰《おとろ》えは避《さ》けようがありません。それは、天然《てんねん》の道理《どうり》だからです。

ただ、「老いる」ということは、その分、「生き抜いてきた」ということです。それは、自らの寿命を使《つか》って、家族のため、社会のために、働《はたら》いてきた証《あか》しです。一生懸命《いっしょうけんめい》に、子《こ》どもたちを育《はぐく》み、地域《ちいき》に貢献《こうけん》してきた尊《とうと》い年輪《ねんりん》なのです。

私の大切《たいせつ》な友人《ゆうじん》であるアルゼンチンの人権《じんけん》の闘士《とうし》エスキベル博士は、ノーベル賞受《しょうじゅ》賞者《しょうしゃ》が集《あつ》まった国際会議《こくさいかいぎ》の席《せき》で、「あなたにとっての英雄《えいゆう》は？」という質問《しつもん》を受《う》けたことがあります。

他《ほか》の受賞者たちが次々《つぎつぎ》に歴史上《れきしじょう》の偉人《いじん》を挙《あ》げる中で、エスキベル博士は「私の英雄は祖母《そぼ》です」※2と答《こた》えました。会場《かいじょう》に笑《わら》いが起《お》こりました。

しかし、博士は真剣《しんけん》でした。三歳で母を亡《な》くした博士を育《そだ》て上《あ》げてくれた祖母です。太陽《たいよう》の光に慣《な》れ親《した》しんだ庶民《しょみん》の顔《かお》、過酷《かこく》な労働《ろうどう》を重ねた力強い手《て》、まっすぐに正《ただ》しい信《しん》念《ねん》を貫《つらぬ》き通《とお》してきた心――無名《むめい》の祖母の一切《いっさい》が博士の誇《ほこ》りなのです。

一日《いちにち》を飾《かざ》る真《ま》っ赤《か》な夕焼《ゆうや》けは、余情《よじょう》も豊《ゆた》かに明日《あす》への希望を贈ってくれます。

同《おな》じように、次の世代《せだい》を照らす、最《もっと》も人間《にんげん》らしい生命の美《うつく》しさが光り出すのが、人生の総仕上げの時です。その価値《かち》が、青春《せいしゅん》の旭日《きょくじつ》の輝きと共《とも》に尊ばれてこそ、真《しん》に「人間を大切にする社会」といえるでしょう。

若《わか》く　心若く
健康《けんこう》　そして　長寿
強く　そして　朗《ほが》らかに

世界中の私の友人には、九十歳を超《こ》えてなお、若々しい情熱《じょうねつ》を燃《も》え上《あ》がらせた方々《かたがた》がいます。

その一人《ひとり》、現代《げんだい》中国の「文学《ぶんがく》の母」謝冰心先生《しゃひょうしんせんせい》は語《かた》っておられました。

「生命の象徴《しょうちょう》は活動《かつどう》です、生長《せいちょう》です。一滴一葉《いってきいちよう》の活動と生長とが全宇宙《ぜんうちゅう》の進化《しんか》と運行《うんこう》とを作《つく》りあげるのです」[※3]と。

生《せい》ある限り、大宇宙とともに、よりよい自分《じぶん》を目指《めざ》そう！　後輩《こうはい》たちのために、何かを残《のこ》していこう！――。

「アンチエイジング（抗加齢《こうかれい》）」の根本《こんぽん》は、今《いま》から未来《みらい》に向《む》かって夢《ゆめ》や目標《もくひょう》に挑《いど》みゆく、生涯《しょうがい》青春のみずみずしい心にあるのではないでしょうか。

堂々《どうどう》と
生きぬけ　勝《か》ちゆけ
病魔《びょうま》をも
笑いとばして
長寿の王女《おうじょ》と

長寿とは、文字通《もじどお》り「末長《すえなが》く寿《ことほ》ぐ」慶事《けいじ》です。

仏典《ぶってん》には、「命と申《もう》す物《もの》は一身第一《いっしんだいいち》の珍宝《ちんぽう》なり一日なりとも・これを延《のぶ》るならば千万《せんまん》両《りょう》の金《こがね》にもすぎたり」※4と説《と》かれています。

一日一日を断《だん》じて生き抜いていこうとする気迫《きはく》が、いかに大切か。ともに、長寿を支《ささ》える介護《かいご》の努力《どりょく》が、いかに崇高《すうこう》か。それは、何ものにも代《か》え難《がた》い「生命」の価値の創《そう》

北京で謝冰心女史（左）と語らう（1980年4月）

造《ぞう》であります。

鎌倉《かまくら》時代、大地震《おおじしん》や飢饉《ききん》や元寇《げんこう》など、命の危機《きき》が渦巻《うずま》く中で、自らも病気《びょうき》と闘《たたか》いながら、九十歳になんなんとする姑《しゅうとめ》の介護に真心《まごころ》を尽《つ》くした女性がいました。

それは人知《ひとし》れぬ奮闘《ふんとう》でした。けれども、その健気《けなげ》な献身《けんしん》を、じっと見守《みまも》っておられた師匠《ししょう》は、姑の逝去後《せいきょご》に、こう書《か》き送《おく》ってくださったのです。

「あなたのご主人《しゅじん》が言《い》われておりました。『このたび、母が亡くなった嘆《なげ》きの中でも、その臨終《りんじゅう》の姿がよかったことと、妻が母を手厚《てあつ》く看病《かんびょう》してくれたことの嬉《うれ》しさは、いつの世《よ》までも忘《わす》れられません』と」※5
介護は、まさに究極《きゅうきょく》の人間性《にんげんせい》の振《ふ》る舞《ま》いです。

子育てが「命で命を育《はぐく》む聖業《せいぎょう》」であるならば、介護は「命で命を支える偉業《いぎょう》」といえましょう。

だからこそ、介護に当《あ》たっている尊き方々を、周囲《しゅうい》は心から労《ねぎら》い、気遣《きづか》って、サポートしていきたいものです。慈愛《じあい》の家族を、介護の孤独《こどく》な苦悩《くのう》に、絶対《ぜったい》に追《お》い込《こ》んではなりません。地域社会の福祉《ふくし》の体制《たいせい》も、総力《そうりょく》を挙げて、一段《いちだん》と拡充《かくじゅう》していくべき時を迎《むか》えています。

聡明《そうめい》が　一家《いっか》を和楽《わらく》にする
聡明が　人々を変《か》えゆく力となる
ゆえに　聡明は　幸福《こうふく》の基本《きほん》である

千葉県《ちばけん》のご婦人《ふじん》の介護の体験《たいけん》を、私と妻は感銘《かんめい》深く伺《うかが》いました。

十年ほど前《まえ》、夫が突然《とつぜん》、半身麻痺《はんしんまひ》に——。家《いえ》をバリアフリーに改造《かいぞう》して、三人のお子さんと力を合《あ》わせ、在宅《ざいたく》介護が始まりました。

睡眠《すいみん》もままならぬ、介護の厳《きび》しい現実《げんじつ》に、婦人は何度《なんど》も落《お》ち込《こ》みました。しかし、その落胆《らくたん》は、介護される夫にもそのまま伝《つた》わることに気《き》づきました。

「要《よう》は、私が変わるしかない。まず、私が一家の太陽になろう！　何があっても太陽の明《あか》るさでいこう」

婦人が心を決めた時から、夫も元気《げんき》を取《と》り戻《もど》し、大変《たいへん》なことも朗らかに笑《わら》いとばして挑戦《ちょうせん》していける一家に生まれ変わっていきました。夫妻《ふさい》は、リハビリのためにも、絵《え》手紙《てがみ》を描《か》き始《はじ》め、コミュニケーションを図《はか》っていったのです。

そうした夫妻の楽《たの》しい奮戦《ふんせん》ぶりを、お嬢《じょう》さんは、「くよくよ悩《なや》まず、明るくいこう」との思《おも》いを込め、〝スチャラカ〟な介護日記《にっき》として公開《こうかい》しました。これは介護専門誌《せんもんし》などにも紹介《しょうかい》され、反響《はんきょう》を広げました。

夫は介護施設《しせつ》で皆さんの盛《も》り立《た》て役《やく》となり、妻は請《こ》われて絵手紙教室《きょうしつ》の講師《こうし》となり、近隣《きんりん》の友人たちに介護の経験も語るなど、地域に貢献しています。気がつくと、「定年《ていねん》退職後《たいしょくご》は、夫婦で地域のお役に立ちたい」という、以前《いぜん》からの夢が叶《かな》っていたのです。宿命《しゅくめい》を使命に変えたご夫妻は、喜《よろこ》びと誇りに光っています。

私どもの聖教新聞《せいきょうしんぶん》で、介護にエールを送る連載《れんさい》をした折《おり》、読者《どくしゃ》の方々から多くのお便《たよ》りを頂《いただ》きました。その一《ひと》つに──「楽《らく》な介護はないが、不幸《ふこう》な介護もありません」との言葉《ことば》がありました。そう言い切れる陰《かげ》には、どれほどの苦労《くろう》を重ねられたことでしょうか。

何もかも一人で背負《せお》いすぎて、自分が苦《くる》しみに引《ひ》きずられてはなりません。聡明に周《まわ》りの力を味方《みかた》にして、家族や親族《しんぞく》の応援《おうえん》、ヘルパーの方や介護施設の利用《りよう》など、善意《ぜんい》と知恵《ちえ》のネットワークを生かしていくことです。

思えば釈尊《しゃくそん》は、苦しんでいる病人《びょうにん》のために、体を洗《あら》い、寝床《ねどこ》の敷物《しきもの》を交換《こうかん》してあげたといいます。「仏《ほとけ》に仕《つか》えるのならば、病者《びょうしゃ》を看病せよ」と弟子《でし》たちに示《しめ》したのです。※6また、高齢者《こうれいしゃ》を大切にする人は、自らが「寿命」と「美しさ」と「楽しみ」と「力」を増《ま》していくと教《おし》えました。※7

仏典には、「花は開《ひら》いて果《このみ》となり・月《つき》は出《い》でて必ずみち・燈《ともしび》は油《あぶら》をさせば光を増し・草木《そうもく》は雨《あめ》ふればさかう《栄》・人は善根《ぜんこん》をなせば必ずさかう」※8と明《あ》かされています。

永遠《えいえん》という次元《じげん》から見れば、家族とは、ある時はお世話《せわ》になり、ある時はお世話をし、互《たが》いに善根を積《つ》みながら、仲良《なかよ》く朗らかに旅《たび》を続けゆく奥深《おくぶか》い生命の絆《きずな》なのかもしれません。

どんな厳寒《げんかん》の冬《ふゆ》の季節《きせつ》にも、水仙のように明るく希望の花を咲かせながら、わが家は、わが家らしく、黄金の時を刻《きざ》んでいきたいものです。

いついつも
無量《むりょう》の宝《たから》を
背に受けて
勝利《しょうり》の貴女《あなた》の
楽しき姿よ

（２０１１年12月号）

人生の総仕上げ——わが家に光る黄金の時を

「健康《けんこう》の世紀《せいき》」へ――
何《なに》があっても富士《ふじ》のごとく！

嵐《あらし》にも
朝日《あさひ》も夕日《ゆうひ》も
悠然《ゆうぜん》と
富士の姿《すがた》は
我《われ》らの姿か

泰然《たいぜん》と見《み》える富士山も、常《つね》に戦《たたか》っています。見晴《みは》らす限《かぎ》り、周《まわ》りに風《かぜ》をさえぎってくれるものはありません。四方八方《しほうはっぽう》から、それこそ二六時中《にろくじちゅう》、烈風《れっぷう》に晒《さら》されています。

しかし、富士は微動《びどう》だにしない。

どんな風雪《ふうせつ》も、「さあ、かかってこい！」といわんばかりに受《う》け切《き》り、悠々《ゆうゆう》と乗《の》り越《こ》えていきます。だからこそ、誇《ほこ》り高《たか》く勝《か》ち光《ひか》っているのでしょう。

生来《せいらい》、体《からだ》が弱《よわ》くて、母《はは》に心配《しんぱい》をかけた私は、幼《おさな》い頃《ころ》から、揺《ゆ》るがぬ富士の勇姿《ゆうし》に励《はげ》まされてきました。

青年時代《せいねんじだい》も病気《びょうき》との闘《たたか》いが続《つづ》き、幾《いく》たびとなく、「富士のごとく強《つよ》くなれ！　断《だん》じて屈《くっ》するな！」と自《みずか》らに言《い》い聞《き》かせたものです。

それだけに、闘病《とうびょう》する友《とも》の報告《ほうこく》を伺《うかが》うと、わがことのように胸《むね》に迫《せま》り、絶対《ぜったい》に打《う》ち勝《か》ってもらいたいと、強く祈《いの》らずにはいられません。

仏典《ぶってん》には、「一日《いちにち》の命《いのち》は三千界《さんぜんかい》(宇宙)の財《たから》にもすぎて候《そうろう》なり」※1と説《と》かれております。

新《あたら》しい一年《いちねん》、かけがえのない一日また一日を、何があっても、富士のように恐《おそ》れなく、そして健《すこ》やかに生《い》き抜《ぬ》いていきたいものです。

富士の山《やま》
貴女《あなた》の心《こころ》も
幸福《ふじ》の山

ある調査《ちょうさ》で、年《とし》の初《はじ》めに「今年一番大切《いちばんたいせつ》にしたいもの」を尋《たず》ねたところ、最《もっと》も多《おお》く、三割強《さんわりきょう》の方《かた》が答《こた》えたのが「健康」でした。「家族《かぞく》」と答えた方も、ほぼ同《おな》じ割合《わりあい》でした。ただし、女性《じょせい》を見ると、「健康」よりも「家族」を大切にする割合が高くなる。その傾《けい》向《こう》は、二十代《にじゅうだい》から四十代に最も強くなるそうです。※2結婚《けっこん》や子育《こそだ》てとなれば、自分《じぶん》の健康よりも、まず家族のことを第一に考《かん》えて、つい頑《がん》張《ば》りすぎてしまう。そんなご苦労《くろう》が偲《しの》ばれます。

わが家《や》でも、妻《つま》が四十代の時《とき》に無理《むり》をしすぎて、体調《たいちょう》を崩《くず》したことがあります。家族みなが心配し、妻が元気でいてくれるありがたさを痛感《つうかん》しました。それを境《さかい》に、子どもたちも自分でできることは自分でやるように役割分担《やくわりぶんたん》を決《き》めて、一家《いっか》の生活《せいかつ》のスタイルを切《き》り替《か》えたのです。

大切な「家族」のためにも、自分自身《じしん》の「健康」を大切にと、妻は後輩《こうはい》の方たちにアドバイスしています。

晴ればれと
　健康 勝ちとれ
　　わが人生《じんせい》

健康を勝ちとる一《ひと》つの大《おお》きな鍵《かぎ》は、「知恵《ちえ》」です。

とくに、どんなに忙《いそが》しくても、いな忙しければ忙しいほど、聡明《そうめい》に時間《じかん》を工夫《くふう》して睡《すい》眠《みん》をとることです。疲《つか》れをためないことが何より大事《だいじ》です。

今日《きょう》は、今日の自分が元気《げんき》にベストを尽《つ》くす。

そして、明日《あす》は、明日の元気な自分にバトンタッチして、ベストを尽くしてもらえばよいのです。

そのためには、無理をせず、なるべく決まった時間に寝《ね》て、生《う》まれ変《か》わったような新《しん》鮮《せん》な命で、今日から明日へ、生き生きと活力《かつりょく》を満《み》たしていくことです。

「ぐっすり眠《ねむ》ること」を生活の基本《きほん》として、日々《ひび》、朝日が昇《のぼ》るように、はつらつと、わが心身《しんしん》を蘇生《そせい》させていく。これが大宇宙《だいうちゅう》のリズムに則《のっと》った、正《ただ》しい生命《せいめい》の軌道《きどう》といってよいでしょう。

世界的《せかいてき》な心臓外科医《しんぞうげかい》でもある、ヨーロッパ科学芸術《かがくげいじゅつ》アカデミーのフェリックス・ウンガー会長《かいちょう》が強調《きょうちょう》されていた健康法《けんこうほう》は「毎日《まいにち》、歩《ある》くこと」です。「階段《かいだん》を上《のぼ》ること」も心がけたい、若《わか》い人《ひと》はできれば三階までは歩こうと勧《すす》められていました。※3

もちろん、それぞれの年齢《ねんれい》や状況《じょうきょう》に応《おう》じて、自分なりにできることでいいのだと思《おも》います。

健康法といっても、改《あらた》まって、お金《かね》や手間《てま》をかけなければできないというものではない。日常《にちじょう》のちょっとした努力《どりょく》で、心も楽《たの》しく長続《ながつづ》きさせていけるということです。

私と妻も、青年たちとラジオ体操《たいそう》をすることを、一つの日課《にっか》としてきました。カセット一台《いちだい》あれば、世界のどこに行《い》っても、皆で手軽《てがる》にできます。一緒《いっしょ》に「健康体操」をし

著者撮影（東京）

たことを良《よ》き思《おも》い出《で》として、継続《けいぞく》してくれている海外《かいがい》の友人《ゆうじん》もおります。

また、ウンガー会長は、人間《にんげん》とは身体《しんたい》と精神《せいしん》が一体《いったい》の存在《そんざい》である、健康長寿《ちょうじゅ》のためには「身体面《めん》での運動《うんどう》」とともに「精神面の運動」がポイントであると強調されました。※4

それは、確固《かっこ》たる信念《しんねん》や信仰《しんこう》を持《も》って、勇敢《ゆうかん》に誠実《せいじつ》に、人のために行動《こうどう》していくことです。

健康で
明朗《めいろう》で
賢明《けんめい》で
この一生《いっしょう》の勝利《しょうり》を

現代《げんだい》は「ストレス社会《しゃかい》」といわれます。

どんなにストレスのない、安楽《あんらく》な世界を追《お》い求《もと》めても、それは望《のぞ》めません。生きるということ、それ自体《じたい》が、ストレスとの戦いだからです。

であるならば、こちらが強く賢《かしこ》く、たくましくなって、ストレスの上手《うわて》をいくことでしょう。

「ストレス」の概念《がいねん》を打《う》ち立《た》てたハンス・セリエ博士は、次《つぎ》の三つのことを勧めています。

一、恨《うら》みや怒《いか》りはストレスに耐《た》える力《ちから》を低下《ていか》させるため、尊重《そんちょう》や思いやりに変えること。

二、人生の目標《もくひょう》を持つこと。

三、他者《たしゃ》に尽くすことが、そのまま自分にもプラスになるような生き方をすること。

深《ふか》く納得《なっとく》できる洞察《どうさつ》です。

その意味《いみ》からも、ストレスを一人《ひとり》で抱《かか》え込《こ》むのではなく、お互《たが》いに励《はげ》まし合《あ》いながら笑《わら》い飛《と》ばしていけるような、豊《ゆた》かな人間関係《かんけい》を持つことが、健康の安全地帯《あんぜんちたい》といえるでしょう。

また、確《たし》かなる人生の目標は、つかみどころのないストレスに振《ふ》り回《まわ》されぬ強さをもたらしてくれます。

さらに、悩《なや》める友を励まし、他者に尽くす地道《じみち》な積《つ》み重《かさ》ねは、いつしか自分のストレスなど、悠々と見下《みお》ろせる境地《きょうち》を開《ひら》いてくれるものです。

あの千年前《せんねんまえ》の『源氏物語《げんじものがたり》』には、「御病気《ごびょうき》のお苦《くる》しみよりも、生きがいのない苦しみ」[※5]という意味深長《しんちょう》な一節《いっせつ》があります。作者《さくしゃ》の紫式部《むらさきしきぶ》自身、満たされない結婚生活や夫《おっと》の急死《きゅうし》に直面《ちょくめん》しつつ、その苦しみに耐え抜いて、積極的《せっきょくてき》に生きがいを見出《みいだ》していった女性です。

前向《まえむ》きな目的観《もくてきかん》を持ち、朗《ほが》らかに充実《じゅうじつ》の日々を生きる。そこには、ストレスも病魔《びょうま》もはね返《かえ》す、命の張《は》りが生まれるのではないでしょうか。

偉大《いだい》なる
使命《しめい》を持ちたる
母なれば
病魔は立《た》ち去《さ》り
楽しき長寿と

来日した海外の友を笑顔で迎え、レイを贈る（2007年8月、東京）

大文豪《だいぶんごう》トルストイは断言《だんげん》しました。

「人間は病気のときも健康なときも変わりなく、自分の使命を遂行《すいこう》できる」※6と。

妻の友人である広島《ひろしま》の女性リーダーは、三度《さんど》のがんと四度の手術《しゅじゅつ》を勝ち越えてこられました。

最初《さいしょ》は子宮《しきゅう》がん。幼《おさな》い二人の子育ての真《ま》っ最中《さいちゅう》でした。自らが三歳《さんさい》の時に母を亡《な》くしていた彼女《かのじょ》は「今《いま》こそ宿命《しゅくめい》を変えてみせる」と奮《ふる》い立《た》って、手術に臨《のぞ》みました。

ところが、翌年《よくねん》には乳《にゅう》がんが発見《はっけん》され、さらに二年後《にねんご》には肺《はい》がんで〝余命半年《よめいはんとし》〟の宣《せん》告《こく》を受けました。

それでも彼女の心は怯《ひる》まない。「絶対に勝てるから！」との励ましに、必《かなら》ず必ず応《こた》えてみせると誓《ちか》い、祈り、闘い抜きました。そして医師《いし》も驚《おどろ》く回復《かいふく》を遂《と》げ、死魔《しま》を打《う》ち破《やぶ》っていったのです。

今、最初の手術から実《じっ》に三十年を経《へ》て、元気いっぱいに周囲《しゅうい》の方々へ勇気《ゆうき》を贈《おく》っておられます。

「病《やまい》によって人間が深まる」とは、この母の大確信《だいかくしん》です。
また、「魂《たましい》の力」は原子爆弾《げんしばくだん》よりも強い――という非暴力《ひぼうりょく》の英雄《えいゆう》マハトマ・ガンジーの信念を学《まな》んだ※7この母は、一人一人から生命の無限《むげん》の力を出《だ》し切《き》って、健康を勝ち開き、平和《へいわ》を勝ち開いていこうと、愛《あい》する郷土《きょうど》・広島を駆《か》け巡《めぐ》り、人々を励まし続けています。

さながらに
楽観女王《らっかんじょおう》の
歌声《うたごえ》は
母の調《しら》べか
幸《さち》の曲《きょく》かな

明治《めいじ》時代、気象学者《きしょうがくしゃ》の野中至《のなかいたる》・千代子《ちよこ》の夫妻《ふさい》は命を賭《と》して、初めて富士山頂《さんちょう》での冬《とう》期《き》気象観測《かんそく》を行《おこな》いました。それは、烈《はげ》しい風と堅《かた》き氷《こおり》、さらに高山病《こうざんびょう》に挑《いど》みながらの死《し》闘《とう》でした。

その中でも千代子夫人《ふじん》は、こまやかな気《き》づかいと明《あか》るい笑いをもって、夫を支《ささ》え、大《たい》業《ぎょう》を続けていったといわれています。

「芙蓉《ふよう》の人」と讃《たた》えられる彼女は綴《つづ》り残《のこ》しました。

「国々《くにぐに》の　海山《うみやま》かけし　大庭《おおにわ》を
　わがもの顔《がお》に　眺《なが》めあかしつ」※8

そこには、芙蓉峰《ほう》・富士山頂から眼前《がんぜん》に広《ひろ》がる壮大《そうだい》な光景《こうけい》を、まるで、わが家の大きな庭として悠然と眺めゆくような心情《しんじょう》が詠《よ》まれているのです。

仏典には、「病《やまい》ある人　仏《ほとけ》になる」※9と説かれています。

病気を契機《けいき》として、より正しい生命の道《みち》を求め、試練《しれん》の坂《さか》に立《た》ち向《む》かっていく人生は、勝利です。

その断じて負《ま》けない命は、黄金《おうごん》の光に包《つつ》まれながら、生死《しょうじ》を超《こ》えて、すべてを晴れれと見渡《みわた》せる幸福《こうふく》の境涯《きょうがい》の高みに立てると示《しめ》されているのです。

人類《じんるい》が熱望《ねつぼう》する「健康の世紀」へ、共々《ともども》に励まし合いながら、若々しく一歩《いっぽ》また一歩、踏《ふ》み出《だ》していきたいものです。

負けるなと
いつも堂々《どうどう》
富士の山

（2012年1月号）

命《いのち》を光《ひか》らせる食《しょく》——
きょうも感謝《かんしゃ》の食卓《しょくたく》を

厳冬《げんとう》に
凛《りん》と咲《さ》きたる
梅《うめ》の花《はな》
勝利《しょうり》の笑顔《えがお》の
香《かお》りも尊《とうと》く

冬《ふゆ》、私と妻《つま》は、毎日《まいにち》の天気予報《てんきよほう》に注意《ちゅうい》しつつ、北国《きたぐに》や雪国《ゆきぐに》に暮《く》らす友人《ゆうじん》が健《すこ》やかに無《ぶ》事安穏《じあんのん》であるようにと、朝《あさ》な夕《ゆう》なに祈《いの》っています。

この季節《きせつ》に、寒風《かんぷう》を突《つ》いて、一輪《いちりん》また一輪とほころんで、「春間近《はるまぢか》」と知《し》らせてくれる待望《たいぼう》の使者《ししゃ》が、梅の花です。

古来《こらい》、日本《にほん》でも、お隣《となり》の中国《ちゅうごく》でも、この健気《けなげ》な「春告草《はるつげぐさ》」は、こよなく愛《あい》され、詠《うた》われ続《つづ》けてきました。あの『万葉集《まんようしゅう》』にも、梅花《ばいか》を愛《め》でる多《おお》くの和歌《わか》が収《おさ》められています。

梅の花言葉《はなことば》には、「高潔《こうけつ》」「上品《じょうひん》」などとともに「忍耐《にんたい》」とあります。

歯《は》を食《く》いしばって、時《とき》を待《ま》ち、時を創《つく》る、冬の忍耐があればこそ、春の勝利の笑顔は広《ひろ》がる。そのことを、梅は気《き》どりなく教《おし》えてくれます。

平安《へいあん》の
　母子《ははこ》の劇《げき》に
　　梅光る

梅は、花だけではなく実《み》も、昔《むかし》から身近《みぢか》な、かけがえのない存在《そんざい》です。私たちの食卓になじみのある梅干《うめぼ》しはもちろん、梅酢《うめず》や梅酒《うめしゅ》を好《この》まれる方《かた》も多いでしょう。疲労回復《ひろうかいふく》に効《き》き、整腸作用《せいちょうさよう》に富《と》み、殺菌《さっきん》や防腐《ぼうふ》の効用《こうよう》を持《も》つことも、よく知られています。地味《じみ》でありながら、なんと頼《たの》もしい万能選手《ばんのうせんしゅ》でしょうか。

お母《かあ》さん方《がた》が作《つく》ってくれる、あの梅干し入《い》りのおにぎりやお弁当《べんとう》は、素朴《そぼく》であっても、皆《みな》の健康《けんこう》への祈りと知恵《ちえ》が詰《つ》め込《こ》まれた、深《ふか》い愛情《あいじょう》の味《あじ》なのです。

イスラム世界《せかい》の最大《さいだい》の歴史家《れきしか》として名高《なだか》い、イブン＝ハルドゥーンは、「人間《にんげん》は食物《しょくもつ》以外《いがい》のものならなくても存在できるが、食物なしには存在できない」[※1]と綴《つづ》りました。

人間に欠《か》かせない「衣食住《いしょくじゅう》」の中《なか》でも、筆頭《ひっとう》にあげるべきは、間違《まちが》いなく「食」でしょう。

仏典《ぶってん》には、食物の持つ三つの徳《とく》が明確《めいかく》に説《と》かれています。[※2]

第一《だいいち》に、生命《せいめい》を維持《いじ》する働《はたら》き。

第二に、健康を増《ま》す働き。

第三に、心身《しんしん》の力《ちから》を盛《さか》んにする働き。

「食」とは「命」そのものです。その尊い「命」の恵《めぐ》みをいただいて、わが生命の力をいやまして高め、価値《かち》を創造《そうぞう》する。食《た》べることは、わが人生《じんせい》の使命《しめい》を、生《い》き生《い》きと果《は》たし

著者撮影(東京)

ゆくためのエネルギーなのです。ゆえに「食の安全《あんぜん》」を守《まも》り抜《ぬ》くことは「命の尊厳《そんげん》」を守り抜くことでもあります。

女性《じょせい》の深き母性愛《ぼせいあい》は、真心《まごころ》の食を通《とお》して、無数《むすう》の生命を慈《いつく》しみ、育《はぐく》んできました。歴史を見《み》れば、古代《こだい》インドにおいて、衰弱《すいじゃく》し切《き》っていた釈尊《しゃくそん》に、食を捧《ささ》げたのも、一人《ひとり》の女性です。

悟《さと》りを求《もと》めて、難行《なんぎょう》・苦行《くぎょう》に取《と》り組《く》み、疲《つか》れ果《は》てていた釈尊は、スジャーターという乙女《おとめ》が差《さ》し出《だ》した乳粥《ちちがゆ》を口《くち》にし、蘇生《そせい》しました。そして、新《あら》たな生命の息吹《いぶき》を満々《まんまん》と漲《みなぎ》らせて、今日《こんにち》の仏法《ぶっぽう》につながる偉大《いだい》な悟りを開《ひら》いていったのです。

この一生《いっしょう》
あの人《ひと》この人
力づけ
喜《よろこ》ぶ姿《すがた》を
創れる長者《あなた》よ

私のインドの友人に、世界的《せかいてき》な農学者《のうがくしゃ》であり、平和《へいわ》の指導者《しどうしゃ》であるスワミナサン博士がいます。

一九五〇年代《ねんだい》・六〇年代に、高収穫品種《こうしゅうかくひんしゅ》の稲《いね》や小麦《こむぎ》の開発《かいはつ》・普及《ふきゅう》によって農業復興《のうぎょうふっこう》を進《すす》め、持続可能《じぞくかのう》な「緑《みどり》の革命《かくめい》」を成《な》し遂《と》げてきた方です。

博士は、多くの民衆《みんしゅう》を食糧危機《しょくりょうきき》から救《すく》った、この「緑の革命」で、重要《じゅうよう》な役割《やくわり》を果たしたのも、女性であったと振《ふ》り返《かえ》っておられました。[※3]

生命を守り育む、地道《じみち》な労作業《ろうさぎょう》が正当《せいとう》に評価《ひょうか》され、讃《たた》えられて、農漁村《のうぎょそん》の女性たちの笑顔が光る。その時にこそ、真《しん》に生命を尊ぶ幸福《こうふく》な社会《しゃかい》が実現《じつげん》するに違《ちが》いない。このことを、博士と私は語《かた》り合《あ》ってきました。

私の実家《じっか》は、海苔《のり》の養殖《ようしょく》・製造《せいぞう》を生業《なりわい》としていました。戦時中《せんじちゅう》には、働《はたら》き手《て》である兄《あに》たちが次々《つぎつぎ》と兵隊《へいたい》にとられ、わが家《や》は困窮《こんきゅう》しました。

その当時《とうじ》、食卓の主役《しゅやく》は、近《ちか》くの海《うみ》でとれる小魚《こざかな》でした。母はよく「骨《ほね》まで食べるんですよ」と言《い》ったものです。病弱《びょうじゃく》であった私に、少《すこ》しでも滋養《じよう》をつけさせたいとの慈愛《じあい》でした。母の切実《せつじつ》なる栄養学《えいようがく》の実践《じっせん》でありました。

一九三九年（昭和《しょうわ》十四年）の初春《しょしゅん》――長兄《ちょうけい》がいよいよ外地《がいち》に出征《しゅっせい》する際《さい》、母と私は東《とう》京駅《きょうえき》まで見送《みおく》りに行《い》きました。

母は「長《なが》い、お別《わか》れだから」と、大事《だいじ》にとっていたお米《こめ》に、わが家の海苔をいっぱいに巻《ま》いた、おにぎりをたくさん作りました。

そして、東北《とうほく》や北海道《ほっかいどう》など遠くの出身《しゅっしん》で、見送りの家族《かぞく》のいない出征兵にも、「どうぞ、ご一緒《いっしょ》に」と声《こえ》をかけ、おにぎりを分《わ》けて差《さ》し上《あ》げたのです。遠慮《えんりょ》して一人でいる兵士《へいし》に私が持っていくと、ぱっと明《あか》るい表情《ひょうじょう》に変《か》わりました。

過日《かじつ》、長兄の戦友《せんゆう》だった方から、ご連絡《れんらく》をいただきました。ビルマ（現《げん》ミャンマー）で戦死《せんし》した長兄の思《おも》い出《で》とともに、〝あの時のお母さんのおにぎりの味が忘《わす》れられない〟と丁重《ていちょう》な感謝を語ってくださり、驚《おどろ》いたものです。

食は人を結《むす》びます。食は心《こころ》の温《ぬく》もりであり、人間の絆《きずな》であり、平和への願《ねが》いの結晶《けっしょう》でもあります。

ロシア訪問の際、モスクワ大学の学生を慰労(1994年5月)

なつかしい
少年時代《しょうねんじだい》の
この味は
母の作りし
味と同《おな》じか

ある国のある都市《とし》に、〝わが街《まち》で二番目《にばんめ》においしい店《みせ》〟という看板《かんばん》の料理店《りょうりてん》があると聞いたことがあります。

なぜ、二番目なのか。

〝母の料理の味〟こそが一番だからというのです。

贅沢《ぜいたく》な高級《こうきゅう》料理だから、おいしいというのではない。家族の健康を守り、日々《ひび》の活躍《かつやく》を支《ささ》えゆく母たちの真心の手料理には、一生涯《いっしょうがい》の力となり、宝《たから》となる味わいがあります。

仏法では「飲食《おんじき》節《せつ》ならざる故《ゆえ》に病《や》む」※4と戒《いまし》めています。バランスを欠いた食事《しょくじ》は心身のリズムを崩《くず》します。食の乱《みだ》れは生活《せいかつ》の乱れに通《つう》ずる。

家庭《かてい》の食卓は、子どもたちに人間として基本《きほん》となる食べる行為《こうい》を一から教えていく教《きょう》室《しつ》です。

食事のマナーや、栄養のバランスなどを踏《ふ》まえた「聡明《そうめい》な食生活」「教養《きょうよう》ある食生活」を身《み》につけていくことが、子どもの幸《しあわ》せな未来《みらい》を作ります。

最近《さいきん》では、ダイエットのため、過度《かど》に小食《しょうしょく》になって、拒食症《きょしょくしょう》まで引《ひ》き起《お》こしたり、その反動《はんどう》で過食症《かしょくしょう》になったりするお子さんもいるといいます。

一生の土台《どだい》となる大事な成長期《せいちょうき》です。朝食《ちょうしょく》をとる習慣《しゅうかん》をはじめ、健全《けんぜん》な食生活こそが、健全な心と体《からだ》を作る根幹《こんかん》なのです。

食卓を囲《かこ》む一家団欒《いっかだんらん》が少《すく》なくなる一方《いっぽう》、一人で食事をとる「孤食《こしょく》」の弊害《へいがい》も指摘《してき》されます。

核家族化《かくかぞくか》。共働《ともばたら》き家庭の増加《ぞうか》。学習塾《がくしゅうじゅく》などで帰宅《きたく》が遅《おそ》い子どもたち……。その要因《よういん》はさまざまであり、簡単《かんたん》には解決《かいけつ》しにくい問題《もんだい》でしょう。

ただ、家族が生き生きと和《なご》やかに生活していく上《うえ》で、家族と共に食事をとる「共食《きょうしょく》」

の機会《きかい》を、工夫《くふう》して創り出していきたいものです。食事のあり方を見直《みなお》すことは、家族のあり方を見直すことにつながります。

朝夕《あさゆう》に
　食事を囲みて
　　夫婦《めおと》して
歴史を綴《つづ》らむ
　　思い出　語りて

食は、生き方であり、文化《ぶんか》でもあります。四季《しき》のリズムに合わせて、食卓に季節のものを添《そ》えることも、人生を豊《ゆた》かに織り成《おな》す文化でしょう。その時季《じき》に体が欲《ほっ》しているものを自然《しぜん》に補給《ほきゅう》できて、元気《げんき》の源《みなもと》にもなるといわれます。

埼玉《さいたま》に、開業医《かいぎょうい》の夫《おっと》と、看護師《かんごし》や従業員《じゅうぎょういん》を含《ふく》めた大所帯《おおじょたい》を支えてこられた婦人《ふじん》がいます。

最愛《さいあい》のお嬢《じょう》さんが出産《しゅっさん》した直後《ちょくご》に重《おも》い病《やまい》にかかり、三十五歳《さい》で他界《たかい》されました。婦人は生きる気力《きりょく》も失《う》せました。

しかし、お嬢さんの分《ぶん》まで生き抜いて、生《う》まれたばかりの孫《まご》を立派《りっぱ》に育《そだ》て上《あ》げようと奮《ふる》い立《た》ち、挑戦《ちょうせん》を始《はじ》めました。

「食卓」も、孫育ての大切《たいせつ》な場《ば》にしました。

食事の礼儀《れいぎ》を教えることはもちろん、肉《にく》、魚、野菜《やさい》などを多彩《たさい》に組み合わせた料理を通して、季節の食材《しょくざい》について話《はな》します。

自分《じぶん》の大切な命を提供《ていきょう》してくれた動物《どうぶつ》や野菜に対《たい》し、「感謝の気持《きも》ち」を持って食べることの大切さも伝《つた》えました。

お孫さんは、その愛情に包《つつ》まれ、たくましく伸《の》び伸《の》びと成長しています。

婦人はさらに、地域《ちいき》で食育《しょくいく》セミナーを開催《かいさい》し、若《わか》いお母さん方に家庭の食生活の重要《じゅうよう》性《せい》を語りながら、大《おお》きく友情《ゆうじょう》を広《ひろ》げています。

いついつも
地道のなかに
晴《は》れ晴《ば》れと
天空《てんくう》 舞《ま》いゆく
力は朗《ほが》らか

先日《せんじつ》、農漁業を営《いとな》む、敬愛《けいあい》する友《とも》に贈《おく》った和歌です。

私も少年時代、家業《かぎょう》の海苔の養殖・製造を手伝ってきただけに、農に携《たずさ》わる方々《かたがた》のご苦労《くろう》を偲《しの》び、「豊作《ほうさく》」「豊漁《ほうりょう》」を祈らぬ日はありません。

生命を育む自然の働きに、人間の農の働きが加《くわ》わって食糧となり、さらに家族等《かぞくとう》の調《ちょう》理《り》が加わって食卓となります。いわば食は、命と命の絆の中を、リレーして運《はこ》ばれてくるのです。

であるならば、大いなる生命の環《わ》に生かされている命を使《つか》って、家族のため、社会のため、自然のために、より良《よ》い生き方を貫《つらぬ》いていくことが報恩《ほうおん》になります。

とくに、身体《からだ》に食のもたらす栄養が必要《ひつよう》であるのと同じく、精神《せいしん》にも栄養が必要です。それこそ、学《まな》ぶことであり、対話《たいわ》であり、励《はげ》ましです。皆と力を合わせて、行動《こうどう》することです。

皆で楽《たの》しく食卓を囲むように、精神の滋養《じよう》を贈り合う人間の絆が、ますます大切です。それは、梅のよき香りと実《みの》りのごとく、人々《ひとびと》の身も心も豊かにしていくでありましょう。

梅香り
　ウグイス鳴《な》きて
　　友は舞う

（2012年2月号）

Road to Happiness

Light of Hope, Songs of Joy

Spring

Again…

第五章 ふたたびの春

「心《こころ》」から広《ひろ》がる幸福《こうふく》——
貴女《あなた》こそ勝利《しょうり》のヒロイン

今日《きょう》もまた
朝《あさ》は来《き》たれり
春《はる》もまた
雲雀《ひばり》も翔《か》けゆく
われらの心は

長《なが》い夜《よる》を越《こ》えて、必《かなら》ず朝は明《あ》けます。

厳《きび》しい冬《ふゆ》を耐《た》えて、必ず春は巡《めぐ》り来ます。

この不思議《ふしぎ》な希望のリズムを創《つく》り出《だ》してくれるのが、母《はは》なる太陽《たいよう》です。

時《とき》には暗雲《あんうん》が垂《た》れこめ、時には雷鳴《らいめい》が轟《とどろ》き、時には吹雪《ふぶき》が襲《おそ》いかかろうとも、はるか宇宙《うちゅう》の彼方《かなた》には常《つね》に太陽が輝《かがや》き、悠然《ゆうぜん》と天《てん》の道《みち》を巡り進《すす》んでいきます。そして闇《やみ》を暁《あかつき》に変《か》え、やがて冬を春へ転《てん》じていくのです。

英国《えいこく》の作家《さっか》ロレンスは詠《うた》いました。

「おお、われわれは信頼《しんらい》しなければならぬ」

「太陽は互《たが》いの中《なか》に

輝いているのが見《み》えるのだから」※1

私たち一人《ひとり》一人の生命《せいめい》にも、荘厳《そうごん》な太陽があります。それを互いに見出《みいだ》し、赫々《かっかく》と光り輝かせていくのが、信頼と友情《ゆうじょう》の励《はげ》ましでしょう。

なかんずく、母たち、女性《じょせい》たちの笑顔《えがお》のスクラムこそ、どんな試練《しれん》にも負《ま》けない勇気《ゆうき》を広げながら、一家《いっか》を明《あか》るくし、地域《ちいき》や社会《しゃかい》を照《て》らしてくれる平和《へいわ》の太陽なのです。

平凡《へいぼん》の
日々《ひび》の中より
偉大《いだい》なる
太陽 昇《のぼ》らむ
私の胸《むね》にも

「オーストリアに『朝がくれば必ず太陽は昇る』『雨《あめ》のあとには必ず太陽が輝く』という言葉《ことば》があります。そうした太陽のような生き方《かた》を、私は両親《りょうしん》から学《まな》んだのです」

こう語《かた》られていたのは、ソプラノ歌手《かしゅ》にして哲学《てつがく》博士であり、オーストリアの文部次官《もんぶじかん》も務《つと》めたユッタ・ウンカルト＝サイフェルトさんです。

ご両親は目《め》が不自由《ふじゆう》でした。幼《おさな》い時から、その手《て》を引《ひ》いて歩《ある》くのが、彼女《かのじょ》の役割《やくわり》だったといいます。

父母《ちちはは》は障《しょう》がいのゆえ理不尽《りふじん》な差別《さべつ》を受《う》け、戦争《せんそう》で家《いえ》も破壊《はかい》されました。しかし、決《けっ》して負けずに朗《ほが》らかでした。歌手だった父は愛娘《まなむすめ》に歌《うた》を教《おし》え、母は明るい微笑《ほほえ》みの心を伝《つた》

著者撮影(群馬)

えてくれたのです。

あふれんばかりの愛情《あいじょう》に育《はぐく》まれたサイフェルトさんは、「苦《くる》しむ人々《ひとびと》のために行動《こうどう》すること」を、わが使命《しめい》として立《た》ち上《あ》がりました。

生きる喜《よろこ》びをはつらつと歌い上げていくとともに、官庁《かんちょう》の仕事《しごと》でも人の何倍《なんばい》も働《はたら》き、文化事業《ぶんかじぎょう》や平和交流《こうりゅう》、若手芸術家《わかてげいじゅつか》の育成《いくせい》に尽力《じんりょく》してきました。

「人間《にんげん》の中へ、民衆《みんしゅう》の中へ、光をもたらしたい」――これが、父母から受《う》け継《つ》いだ、彼女の人生《じんせい》を貫《つらぬ》く決心《けっしん》です。

あの人を
羨《うらや》む心に
なるよりは
わが身《み》に築《きず》けや
幸福城《こうふくじょう》をば

恵《めぐ》まれた境遇《きょうぐう》に生《う》まれ育《そだ》ったから幸《しあわ》せとは言《い》えません。かりに、邸宅《ていたく》に住《す》み、ご馳走《ちそう》を食《た》べ、華《はな》やかな服《ふく》に包《つつ》まれ、皆《みな》からお姫《ひめ》さまのように大事《だいじ》にされたとしても、それだけでは人生の充実《じゅうじつ》は得《え》られない。「幸福」と「充実」は一体不二《いったいふに》の関係《かんけい》にあるといってよいでしょう。

誰《だれ》しも悩《なや》みは尽《つ》きないものです。病気《びょうき》のこと、家庭《かてい》のこと、生計《せいけい》のこと、仕事のこと、人間関係のこと——。嬉《うれ》しい時、楽《たの》しい時があれば、苦しい時、悲《かな》しい時、泣《な》きたくなるような時もあります。

生きている限《かぎ》り、思《おも》いもよらぬ試練や災難《さいなん》も待《ま》ち構《かま》えています。いわんや、家族《かぞく》のため、友《とも》のため、社会のために尽くす人生には、それだけ苦労《くろう》も大《おお》きい。苦難《くなん》との戦《たたか》いは続《つづ》きます。しかし、その戦いを離《はな》れては、真《しん》の充実も、真の幸福も、決してありません。

あの「見果《みは》てぬ夢《ゆめ》」を追《お》いかけたドン・キホーテの物語《ものがたり》の作者《さくしゃ》であるスペインのセルバンテスは、「うろたえていて幸せをつかめるものか。運命《うんめい》はおのが手で切《き》り開《ひら》くべきものであろう」※2と綴《つづ》りました。

その通《とお》りです。うろたえず、自分自身《じぶんじしん》の手で、勇敢《ゆうかん》に幸せをつかみとるのです。誰にも、幸福になる権利《けんり》があります。いな、人生は幸福になるためにこそあるのですから！

新《あら》たなる
生命《いのち》の革命《かくめい》
純粋《じゅんすい》に
不幸《ふこう》を倒《たお》さむ
幸福博士と

私と妻《つま》がずっと、乙女《おとめ》の時から見守《みまも》ってきた女性は、北海道《ほっかいどう》から群馬県《ぐんまけん》に嫁《とつ》ぎました。慣《な》れない土地《とち》の格式高《かくしきだか》い旧家《きゅうか》で、同居《どうきょ》する義父母《ぎふぼ》や親戚《しんせき》から、手厳しく注意《ちゅうい》される毎日《まいにち》が続いたといいます。さらに、長女《ちょうじょ》が世界《せかい》でも稀《まれ》な、治療法《ちりょうほう》もない難病《なんびょう》にかかりました。その幼い命《いのち》は懸命《けんめい》に病《やまい》と闘《たたか》い抜《ぬ》き、六カ月後、けなげな笑顔で旅立《たびだ》ったのです。

わが子を亡《な》くした悲哀《ひあい》。義父母との深《ふか》い溝《みぞ》。その板挟《いたばさ》みとなって、婦人《ふじん》は苦しみ抜きました。

そんな中で、人生の先輩《せんぱい》たちからの励ましを支《ささ》えに、「苦労してこそ、皆の心がわかる人間に成長《せいちょう》できる」「辛《つら》く当《あ》たってくる義父母も、実《じつ》は自分を磨《みが》いてくれる存在《そんざい》なんだ」と気《き》づいていったといいます。

義父が病床《びょうしょう》に臥《ふ》した際《さい》、婦人は真心《まごころ》の看病《かんびょう》に通《かよ》い続けました。いつしか義父は「そんなに優《やさ》しくしてくれるのはお前《まえ》だけだ」と言ってくれました。それに対《たい》し、婦人は「お父《とう》さん、本当《ほんとう》に本当にありがとうございます。私の大恩人《だいおんじん》です」と心から語ることができたのです。

「義父母に感謝《かんしゃ》できる自分に変われたことが、何《なに》より嬉しいことです」と微笑《ほほえ》む婦人は、今《いま》、地域のリーダーとして、世代《せだい》を超《こ》えて多《おお》くの友と希望の対話《たいわ》を広げゆく日々です。

私の妻も常々《つねづね》、皆さんへのアドバイスとして「勝《か》つことよりも負けないこと」、そして「愚痴《ぐち》よりも感謝を」と語っています。

いざや立て
いざや舞《ま》いゆけ
君《きみ》が劇《げき》

ドイツの大文豪《だいぶんごう》ゲーテは、ある劇で〝ちょっとした役《やく》〟を立派《りっぱ》に演《えん》じた出演者《しゅつえんしゃ》を、「じつによかった！」と誉《ほ》め讃《たた》え、語りました。

「どんな小《ちい》さな役だって重要《じゅうよう》なんだよ」

「厳密《げんみつ》な意味《いみ》でのわき役なんてものはない。どんな役も、ある一個《いっこ》の全体《ぜんたい》にとって、なくてはならない部分《ぶぶん》だ」※3と。

この人生劇場《げきじょう》にあって、女性は皆が、幸福勝利という劇の最高《さいこう》のヒロインです。一人一人が自分でなくてはできない最高の役を演じ切るため、今この時、この舞台《ぶたい》に登場《とうじょう》したのです。その劇を家族も友も見つめています。誰が見ていなくとも、天が大喝采《だいかっさい》を送《おく》ります。

私の恩師《おんし》・戸田城聖先生《とだじょうせいせんせい》は「自《みずか》らの命《いのち》に生きよ」と強調《きょうちょう》されました。

人と比《くら》べたり、妬《ねた》んだりすると、かえって自身の晴《は》れの舞台と大役《たいやく》を見失《みうしな》ってしまいます。今の役に徹《てっ》して、自分らしく伸《の》び伸《の》びと輝いていけばよいのです。花《はな》でいえば、桜《さくら》は桜、梅《うめ》は梅、桃《もも》は桃、李《すもも》は李として、それぞれの姿《すがた》で悔《く》いなく、互いを讃《たた》え合《あ》うように咲《さ》き薫《かお》っているではありませんか。

晴ればれと
　幸《さち》の旅たれ
　　苦難越え

アメリカの大哲学者デューイは語りました。
「経験《けいけん》から学ぶ人は気づくはずである。自分の幸福のためにどんなことをしたとしても、世《よ》に永《なが》く残《のこ》るのは、ただ人の幸福のために尽くしたことだけであると」※4
「幸福な人」。それは煎《せん》じ詰《つ》めるところ、「人を幸福にできる人」のことではないでしょうか。

東日本大震災《ひがしにほんだいしんさい》から一年《いちねん》――。私が知《し》る東北《とうほく》の友は、自らも被災《ひさい》しながら、「負げでたまっか！」と立ち上がり、渾身《こんしん》の力《ちから》を奮《ふる》い起《お》こして、今日も、地域の復興《ふっこう》のために奔走《ほんそう》しています。

永遠《えいえん》の歴史《れきし》に光る、あまりにも尊貴《そんき》な菩薩《ぼさつ》、いな仏《ほとけ》の姿であると、私は最敬礼《さいけいれい》する思いです。

今、日本人の心に変化《へんか》が起きていると指摘《してき》されます。ある調査《ちょうさ》では、今後《こんご》の社会生活《せいかつ》では経済成長等《けいざいせいちょうとう》より、「他人《たにん》を思いやる心」や「他人との助《たす》け合《あ》い」のほうが重要とする人が多い。また、五割《わり》の人が「誰かのためになること、助けになることが幸せ」と考《かんが》えているといいます。[※5]

『赤毛《あかげ》のアン』の物語で有名《ゆうめい》な、カナダの作家モンゴメリは記《しる》しました。

「苦労も、心配事《しんぱいごと》も、悲しみもやってきます」

「だが、みなさんがたが愛と信頼で結《むす》ばれて、力を合わせて立ちむかえば、そんなものに負けることはありません。そのふたつを羅針盤《らしんばん》と水先案内人《みずさきあんないにん》にすれば、どんな嵐《あらし》も乗《の》りきれます」[※6]

牧口記念庭園にて（2006年4月、東京）

深い慈愛《じあい》の絆《きずな》を結ぶ人に、不幸はありません。

新《あたら》しく信頼の絆を広げる人は、幸福を広げる人です。

心光る人は
　必ず幸《さち》光る
心踊《おど》る人は
　必ず幸踊る

仏典《ぶってん》には、「さいわい《福》は心よりいでて我《われ》をかざる」※7と説《と》かれ、「ただ心こそ大切《たいせつ》なれ」※8と結論《けつろん》されています。

読者《どくしゃ》の皆さんとご一緒《いっしょ》に歩《あゆ》み始《はじ》めた「ハッピーロード」の旅も、春夏秋冬《しゅんかしゅうとう》を一巡《ひとめぐ》りし、新たな四季《しき》を迎《むか》えようとしています。

皆さん方の美《うつく》しく強《つよ》き太陽の心から、希望の光が輝き、歓《よろこ》びの詩《うた》が奏《かな》でられゆくことを、私と妻は、これからも祈《いの》り続けてまいります。

尽きせぬ感謝を込《こ》めて、「貴女《あなた》らしく朗らかに、わが人生の幸福劇のヒロインたれ！」とエールを贈《おく》り、結《むす》びとさせていただきます。

ともどもに
心あわせて
春つくれ

（2012年3月号）

【脚注】

まえがき

※1 『妙法蓮華経並開結』創価学会版
※2 「薔薇の根」、『空のかあさま 新装版 金子みすゞ全集・Ⅱ』JULA出版 所収(現代表記に改めた)
※3 「星とたんぽぽ」、同前所収
※4 サヌシ・パネの詩、『アミル・ハムザ 全作品と生涯』(舟知恵 訳・著)彌生書房 所収

第一章 春

女性と友情――人間関係を豊かにする智慧

※1 『日蓮大聖人御書全集』創価学会版1253ページ
※2 『ヘレン・ケラー 光の中へ』(高橋和夫 監修、鳥田恵 訳)めるくまーる
※3 「闇から光へ」(岩橋武夫 訳)、『世界の人生論10 純粋について』角川書店 所収

人生をデザインする――仕事と夢と家庭

※1 明治安田生命による生まれ年別の名前調査を参照
※2 『完全現代語訳 樋口一葉日記』(高橋和彦 訳)アドレエー
※3 『勇気と希望』(グレゴリー・J・リード協力、高橋朋子 訳)サイマル出版会
※4 総務省「労働力調査」を参照
※5 『スウ姉さん』(村岡花子 訳)角川書店
※6 『日蓮大聖人御書全集』創価学会版400ページ

家庭は平和の大地――家族を結ぶ言の葉を

※1 『アンデルセン小説・紀行文学全集4 ただのヴァイオリン弾き』(デンマーク王立国語国文学会 編集、鈴木徹郎 訳)東京書籍
※2 『日蓮大聖人御書全集』創価学会版902ページ
※3 『娘たちに愛をこめて』(木村治美 訳)三笠書房
※4 『「平和の文化」の輝く世紀へ！』潮出版社

第二章

夏

母の「負けない心」――子育ては大偉業

※１ 『日蓮大聖人御書全集』創価学会版７４０ページ

※２ 同前５８５ページ

※３ 『青眉抄』三彩社

※４ ベビー用品メーカー「コンビ」による調査、「産経新聞」東京朝刊（２０１０年７月19日付）を参照

※５ 『青眉抄その後』求龍堂（現代表記に改めた）

※６ 対談「母への讃歌――詩心と女性の時代を語る」第４回、「パンプキン」２０１０年２月号 潮出版社 所収

※７ 『後世に伝える言葉 新訳で読む世界の名演説45』（井上一馬 編著）小学館

エコに生きる――皆で「分かち合う心」を

※１ 『ファン・ゴッホの手紙』（二見史郎 編訳、圀府寺司 訳）みすず書房などを参照

※２ 内閣府大臣官房政府広報室「環境問題に関する世論調査」（平成21年）を参照

※３ 『平和の朝へ 教育の大光――ウクライナと日本の友情』第三文明社

※４ 『ブッダのことば』（中村元 訳）岩波書店

家計と経済――清々しき人生の軌道を

※１ 『たよ女全集』（矢部榾郎 編）小宮山書店

※２ 『人間主義の大世紀を――わが人生を飾れ』潮出版社

※３ 『キュリー夫人伝』（エーヴ・キュリー 著、河野万里子 訳）白水社を参照

※４ 『キュリー自伝』（マリー・キュリー 著、木村彰一 訳）、『人生の名著８』大和書房 所収

※５ 『平和の哲学 寛容の智慧 イスラムと仏教の語らい』潮出版社

※６ 『日蓮大聖人御書全集』創価学会版１１７３ページ

秋

家族の絆は永遠――充実の春秋を共に

※1 『石田波郷全集 第八巻　随想Ⅰ』富士見書房
※2 物語は「ナイチンゲール」、『完訳 アンデルセン童話集（二）』（大畑末吉 訳）岩波書店 所収
※3 『愛と孤独と――エミリ・ディキンソン詩集Ⅲ――』（谷岡清男 訳）ニューカレントインターナショナル

信じ抜く強さ――思春期の子と一緒に成長を

※1 『松尾芭蕉集① 新編日本古典文学全集70』（井本農一、堀信夫 注解）小学館
※2 『燃えさかる火のそばで〈シートン伝〉』（ジュリア・M・シートン 著、佐藤亮一 訳）早川書房
※3 『シートン動物記別巻 シートン自叙伝』（藤原英司 訳）集英社
※4 同前
※5 前掲『燃えさかる火のそばで〈シートン伝〉』
※6 東京都教育相談センターによる「思春期の心理と行動に関する意識調査」（2007年発表）
※7 『自信力はどう育つか 思春期の子ども世界4都市調査からの提言』（河地和子 著）朝日新聞社

夫婦の歩み――無二の伴侶と前進！

※1 岡田正順氏の言葉、社団法人・全日本菊花連盟『図解・初歩の菊作り』主婦の友社 所収
※2 『吉川英治全集53』講談社
※3 『人間の土地』（堀口大學 訳）、『世界文学全集――77』講談社 所収
※4 『日蓮大聖人御書全集』創価学会版1118ページを参照
※5 『オデュッセイア』（田中秀央 訳）、『世界文学全集Ⅲ――1』河出書房新社 所収
※6 『新しき地球社会の創造へ 平和の文化と国連を語る』潮出版社
※7 「いい夫婦の日」をすすめる会によるアンケート結果2010を参照
※8 『バッハから銭形平次　野村胡堂・あらえびすの一生』（藤倉四郎 著）青蛙房
※9 同前
※10 前掲『日蓮大聖人御書全集』975ページ

第四章

冬

人生の総仕上げ——わが家に光る黄金の時を

※1 『加賀の千代女 五百句』(山根公 著)桂書房
※2 『人権の世紀へのメッセージ "第三の千年"に何が必要か』東洋哲学研究所
※3 『謝冰心自選集 お冬さん』(倉石武四郎 訳)河出書房
※4 『日蓮大聖人御書全集』創価学会版986ページ
※5 同前975ページを参照
※6 『中村元選集(決定版)11 ゴータマ・ブッダI』春秋社を参照
※7 『ブッダの真理のことば 感興のことば』(中村元 訳)岩波書店を参照
※8 前掲『日蓮大聖人御書全集』1562ページ

「健康の世紀」へ——何があっても富士のごとく!

※1 『日蓮大聖人御書全集』創価学会版986ページ
※2 「かんぽ生命 2010年 健康づくり、健康意識調査」の結果を参照
※3 『人間主義の旗を——寛容・慈悲・対話』東洋哲学研究所
※4 同前
※5 『源氏物語 全現代語訳(二)』(今泉忠義 訳)講談社
※6 『文読む月日(上)』(北御門二郎 訳)筑摩書房
※7 『わたしの非暴力 2』(森本達雄 訳)みすず書房を参照
※8 『芙蓉日記』(野中千代子 著)、『富士案内 芙蓉日記』(大森久雄 編)平凡社 所収
※9 前掲『日蓮大聖人御書全集』1480ページ

命を光らせる食——きょうも感謝の食卓を

※1 『歴史序説(三)』(森本公誠 訳)岩波書店
※2 『日蓮大聖人御書全集』創価学会版1598ページを参照
※3 『「緑の革命」と「心の革命」』潮出版社
※4 前掲『日蓮大聖人御書全集』1009ページ

第五章

ふたたびの春

「心」から広がる幸福――貴女こそ勝利のヒロイン

※1　『ロレンス詩集V　三色すみれ・いらくさ』（福田陸太郎・倉持三郎 訳）国文社

※2　『ペルシーレス（上）』（荻内勝之 訳）筑摩書房

※3　『ゲーテ対話録II』（ビーダーマン 編・菊池栄一 訳）白水社

※4　John Dewey, *Experience and Nature*, Dover publications

※5　シタシオンジャパン「震災後の社会生活に必要な価値観に関する意識調査」（2011年）を参照

※6　『完訳クラシック 赤毛のアン5 アンの夢の家』（掛川恭子 訳）講談社

※7　『日蓮大聖人御書全集』創価学会版1492ページ

※8　同前1192ページ

本書は月刊『パンプキン』（２０１１年３月号から２０１２年３月号）に連載された「ハッピーロード」に加筆し単行本化しました。

池田大作

Daisaku Ikeda

創価学会名誉会長。創価学会インタナショナル(SGI)会長。
1928年、東京生まれ。創価大学、アメリカ創価大学、創価学園、
民主音楽協会、東京富士美術館、東洋哲学研究所、
戸田記念国際平和研究所、池田国際対話センターなどを創立。
68年、いち早く「日中国交正常化」を提唱し、日中友好に大きく貢献。
「国連平和賞」を受賞。
世界の大学・学術機関から300を超える名誉学術称号を受章。
『人間革命』(全12巻)、『新・人間革命』(刊行中)をはじめ著書多数。
『二十一世紀への対話』(A・J・トインビー)、
『二十世紀の精神の教訓』(M・S・ゴルバチョフ)、
『地球を結ぶ対話力』(高占祥)等、対談集も多い。

ハッピーロード
——希望の光 歓びの詩

2012年7月3日　初版発行
2012年8月14日　4刷発行

著者　池田 大作
発行者　南 晋三
発行所　株式会社　潮出版社
〒102-8110　東京都千代田区飯田橋 3-1-3
電話　03-3230-0781（編集）
03-3230-0741（営業）
振替口座　00150-5-61090

印刷・製本　凸版印刷株式会社

ISBN978-4-267-01900-5

http://www.usio.co.jp/